算数障害 スクリーニング検査

適切な学習指導は 正確なアセスメントから

熊谷恵子・山本ゆう 著

Gakken

JN041890

第3章
記録用紙・評価表の記入方法 ⋯⋯⋯⋯⋯⋯⋯⋯⋯⋯⋯⋯⋯ **45**

第4章
支援の方向性について知る・知らせる ⋯⋯⋯⋯⋯⋯⋯ **61**

はじめに

　このスクリーニング検査は、対象となる幼児・小学生や、検査を実施する大人にとって、なるべく負担のない方法で、個々の子どもの算数の苦手さの背景をつかみ、できるだけ早く適切な方法で指導や支援が行われるようにと思って作成しました。

　検査によって算数の苦手さを数値化し、算数障害の可能性を明らかにすることで、保護者を焦らせることになるかもしれないなど、さまざま考えました。でも、その子がつまずいている状態を把握できないと、また、クラスに算数でとても苦しんでいることに気づかれていない子がいたりすると、その子たちは学校でずっとつらい思いをするかもしれない。社会に出てからも、基礎的な算数ができないことで日常生活に支障が出るかもしれません。だからこそ、算数のつまずきにつながる可能性があることに、子どもの近くにいる先生や支援者が、少しでも早く気がつくことが大切になります。

　そのため、本書では、就学前と就学後の学年に従い、それぞれの時期に、検査が実施できるように、検査用紙および記録用紙を用意しています。就学前用の検査は、就学前相談を想定し、就学後に算数で著しくつまずく可能性を把握しておくためのものです。自閉スペクトラム症やＡＤＨＤなどの傾向がある場合には、学習障害の１つである算数障害も併せもつこともあることが知られていますので、心理発達センターなどでも活用してほしいです。

　「このままでは小学校に上がったら心配」「算数ができない」と子どもが自分を卑下したり、「なまけている」と大人や友だちに評価されたりすることなく、自分の苦手さの特徴やその理由を理解し、自分に合った適切な支援を受けることで、算数の学びを少しでも生活の中で生かせるように身につけていってほしい。私たちはそう願っています。

　　　　　２０２３年１月　熊谷恵子・山本ゆう

第1章

算数障害スクリーニング検査
概説

算数障害スクリーニング検査の背景

　本検査は、その年齢や学年との比較において、どのような領域に困難があるかを知り、早期に指導へとつなげるためのものです。

　通常の学級における算数の困難のある子どもたちには、大まかに3種類（学習障害、知的境界線児、算数不安）に分かれます。

　1つは、IQ85〜90以上というように、全体的な知的能力が低くないにもかかわらず、認知能力のアンバランスがあり、いわゆる学習障害の中の算数障害である場合です。算数という教科学習は、小学校での積み重ねが必要ですが、その中で学習に遅れを取ってしまう子どもたちです。これらの認知能力のアンバランスは、ウェクスラー系（WISC-V、WAIS-IVなど）の知能検査やルリア理論による知能検査（K-ABC-II、DN-CAS）の中で明らかになることが多いですが、本検査でも、同様に知ることができるかと思います。

　もう1つは、全体的な知的能力、IQが低めの子どもたちである知的境界線児の子どもたちです。このような子どもたちは、理論的には13.6%いると思われます。

　これらの子どもたちは、特に、算数・数学の場合にはいずれも特別支援教育の対象者となりうる状況にありますが、通常学級の中で、「ああ、この子には特別な支援ニーズがあるんだな」などということがわかりにくい子どもたちなのです。

　学習障害である算数障害は、教科学習である「算数」とだいぶ見方が異なります。算数障害は、これまで歴史的に言われてきた経緯と脳の機能単位の問題と絡めた解釈が必要となります。脳機能としては、機能としてのネットワークは分かれてはおりますが、算数の数、計算、推論に関連のある脳機能はかなり広範囲であることがわかってきています。しかし、脳機能の全体の問題ではない、ということになる。この辺りが難しいところです。

　一方で、知的境界線のお子さんは、徐々に全体的に算数が困難となり、知的障害の困難さはないけれど、小学校5、6年生以上の抽象的な概念の理解がとても難しくなるということです。

また、算数障害のお子さんも、知的境界線のお子さんの問題も、発達によっても、見るべきところも異なります。

　もう1つ、最後の算数不安については、算数というのは子ども自身ができないことをわかってしまいやすい学習であるところから研究が進められている分野でもあります。

　このスクリーニング検査は、学習障害という認知能力の偏りがあると捉えたほうがよいのか、それとも全体的な能力の問題と捉えたほうがよいのかなど、大まかに捉えることができるものとなっております。

　検査の中は大きく、数処理、数概念、計算、文章題となっています。

1. 数処理

　主に、就学前に獲得されていくところです。　就学前については、数処理の問題についての検査がメインとなります。

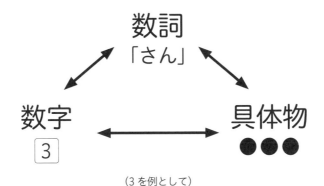

（3を例として）
図1　数詞・数字・具体物の三項関係

　乳児期から幼児期に、なめたり、触ったり、持って振ったりしながら、物を認知していきます。そのような具体物に対して、数詞をマッチングさせていくことになります。まずは、数の発達と言う意味では、数詞の正しい系列が獲得されることが必要です。このような数詞が、いくつまで安定した順序で正しい数詞を言えるようになることが大切です。

（1）数詞：数詞の安定した順序の獲得

　本調査では、3歳6か月くらいまでには「いち、に、さん」というところまでですが、4歳までには「いち……じゅう」まで正しく言えるようになってきます。そして、4歳台では、「いち……じゅう」まで、5歳になると、それが急に増えてきて、5歳3か月までには「いち……じゅうご」、5歳9か月までには「いち……にじゅう」、そしてその後、「いち……さんじゅう」「いち……ごじゅう」などとかなり大きな数まで安定した順序で数詞が言えるようになってきます。

表1　数詞がいくつまで言えるようになるかの年齢と数詞の大きさ

	3:1~3:3	3:4~3:6	3:7~3:9	3:10~3:11	4:0~4:2	4:3~4:5	4:6~4:8	4:9~4:11	5:0~5:2	5:3~5:5	5:6~5:8	5:9~5:11	6:0~6:2	6:3~6:5
いくつまで数えられる？	3	3	5	10	10	10	10	10	15	20	20	30	30	50

（2）数詞→具体物：数詞と具体物との対応

　数詞が安定した順序で正しく言えるようになってくると、次に、それを使って具体物を数える（計数：カウンティング）ということができるようになります。「みかんいくつあるのかな？」などに答えられるようになってきます。それが数詞と具体物との対応関係の成立であり、これは計数という行為によって獲得されるのです。

表2　数詞で具体物を数える（計数）

	3:1~3:3	3:4~3:6	3:7~3:9	3:10~3:11	4:0~4:2	4:3~4:5	4:6~4:8	4:9~4:11	5:0~5:2	5:3~5:5	5:6~5:8	5:9~5:11	6:0~6:2	6:3~6:5
①12個のおはじき数え	0	3	3	5	5	5	10	10	12	12	12	12	12	12
②4個ちょうだい	0	1	1	1	2	2	3	3	4	4	4	4	4	4
③7個ちょうだい	0	0	0	0	5	5	6	6	6	6	7	7	7	7
④12個ちょうだい	0	0	0	0	0	6	6	7	10	11	12	12	12	12

　表2の1列目（①）は、12個のおはじきをきれいに横に並べた（検査の中では、12個のドットの並び）ときに、それを指さししながら、いくつまで正しい並びの数詞を言いながら、数えることができるか、ということを見ています。数詞がいくつまで言えるかに依存していますが、4歳までには、5個まで計数することができ、5歳までには10まで

計数することができるようになります。そして5、6歳になると12個すべて正しく指をさしながら計数することができるようになります。

　表2の2列目以降（②）は、山になったおはじきの中から、「〜個ちょうだい」と言って手を出したときに、そこに正しい数のおはじきを渡せるかどうか、という課題です。「〜個ちょうだい」という課題は数えられるだけではうまくいかず、4個、7個、12個というものが集合数であるという理解が必要になるのでしょう。「4個ちょうだい」に正しく反応できるようになるのは5歳、「7個ちょうだい」に正しく反応できるようになるのは5歳6か月以降、「12個ちょうだい」に正しく反応できるようになるのは、やはり5歳6か月以降ということになります。

（3）数詞—数字：数字との対応関係

　時計を見る、テレビの幼児番組を見るなど、文化的な影響のある環境で、数字を見る機会があると、数詞を数字にマッチングすることができるようになります。数字は、1桁の数字から、そして、2桁と大きな数も見る機会ができることもありますが、そのような場合には、十進法の数詞の言い方、数字の表し方が徐々に日常の経験のもとにわかっていきます。

表3　数字カードを読む課題

	3:1~3:3	3:4~3:6	3:7~3:9	3:10~3:11	4:0~4:2	4:3~4:5	4:6~4:8	4:9~4:11	5:0~5:2	5:3~5:5	5:6~5:8	5:9~5:11	6:0~6:2	6:3~6:5
数字の読み方　まとめ					2,3,5	4,7,9	6,8,10,12		11,14		20			41
①数字7						○	○	○	○	○	○	○	○	○
②数字20											○	○	○	○
③数字4						○	○	○	○	○	○	○	○	○
④数字5					○	○	○	○	○	○	○	○	○	○
⑤数字41※														○
⑥数字1					○	○	○	○	○	○	○	○	○	○
⑦数字12							○	○	○	○	○	○	○	○
⑧数字9						○	○	○	○	○	○	○	○	○
⑨数字10							○	○	○	○	○	○	○	○
⑩数字2					○	○	○	○	○	○	○	○	○	○
⑪数字14									○	○	○	○	○	○
⑫数字6							○	○	○	○	○	○	○	○
⑬数字3					○	○	○	○	○	○	○	○	○	○
⑭数字11									○	○	○	○	○	○
⑮数字8							○	○	○	○	○	○	○	○

※「⑤数字41」は、本検査では取り扱わない

表3の○印は、正答率80%以上です。はじめの○以外はほぼ100%とみてもよいです。表3からわかるように、数字というのは4歳になってから読めるようになってきます。この検査の中には、数字「1」や2けたの数字などいくつかの数字はありませんが、おおよそ、4歳〜4歳2か月には「2、3、5」、4歳3か月〜4歳5か月には「4、7、9」、4歳6か月〜4歳8か月には「6、8、10、12」、5歳0か月〜5歳2か月には「11、14」、5歳6か月〜5歳8か月には「20」という数字が正しく読めるようになります。これは日常の経験によるもので、わざわざ訓練する必要はありません。

（4）ドットの数を短時間で把握すること

　物が多いか少ないか、瞬時に把握することや物がいくつあるかを瞬時に把握する、ということとは異なります。

表4　具体物の把握

具体物の把握	3:1~3:3	3:4~3:6	3:7~3:9	3:10~3:11	4:0~4:2	4:3~4:5	4:6~4:8	4:9~4:11	5:0~5:2	5:3~5:5	5:6~5:8	5:9~5:11	6:0~6:2	6:3~6:5
どちらが多い?										○	○	○	○	○
いくつある?　まとめ						ドット2	ドット3	ドット4	ドット5					
①ドット2					○	○	○	○	○	○	○	○	○	○
②ドット1					○	○	○	○	○	○	○	○	○	○
③ドット5									○	○	○	○	○	○
④ドット2						○	○	○	○	○	○	○	○	○
⑤ドット3							○	○	○	○	○	○	○	○
⑥ドット2					○	○	○	○	○	○	○	○	○	○
⑦ドット3							○	○	○	○	○	○	○	○
⑧ドット4								○	○	○	○	○	○	○
⑨ドット5									○	○	○	○	○	○
⑩ドット5									○	○	○	○	○	○
⑪ドット3						○	○		○	○	○	○	○	○
⑫ドット4						○	○		○	○	○	○	○	○

　表4の1列目にある「どちらが多い?」という課題は、数を聞かずに単に「多いほうはどちらか」という課題です。これはピアジェが行った課題であり、ドットの間隔を違えて並べてある2つの列のどちらが多いかを当てるものです。具体物の置き方によって、把握がすぐにはうまくいかな

いことがあります。これは、5歳3か月以降であることがわかりました。

　また、表4の2列目以降ですが、これは、ドットがばらばらとある場合に、ちゃんと個数を把握できるかどうかという課題です。この課題については、5～10以内の数でもやりましたが、すばやく把握することは不可能であるため、5以内までを検査の課題として含めました。4歳0か月～4歳5か月には、ドット2個が把握できるようになり、数詞で「に」と言えるようになります。しかし、ドット2は配置によっても異なります。4歳6か月を過ぎると、ドット3個は「さん」と言えるようになります。そして、4歳9か月になるとドット4が、5歳になりドット5が正しく把握できるようになります。これも、できないからといってこのような同じような課題で訓練する必要はありません。

2. 数概念

(1)序数性

　就学前の段階で、必要条件としては、表1の正しい順序で数詞が言えることです。4歳までに「いち……じゅう」までの数詞を安定した順序で言えるようになってきます。でも、そのことと手を使い、数詞と具体物を1対1で数えるということは、いきなり10までは無理です。表2にあるように、それを使って12個の横並びのドット（物が空間的に一列に並んでいる具体物）を数えられるようになることです。表2を見ると、5歳までに「いち……じゅう」までは、具体物を正しく安定した順序で数詞を言えるだけでは、数概念としての序数性を表しているとはいえません。そして、5は4より向こうにある、6は7の手前などの位置関係の順番が把握できたときに、序数性が獲得できるということになります。つまり、以下のようなことを、就学前に確かめるためには、かなり技術が必要です。例えば、以下のように、口頭で数詞をいくつか言い、□（四角）に当たる数詞や数字を答えてもらうということが必要です。就学前では、10までの数の系列がわかればよいのですが、ここでは、テスターによりやり方が変わる可能性があり、難しいので、テストとしては省きます。興味があれば、各自でやってみてください。

・口頭での提示：いちー□ーさんーしー□ーろくーしちー□ーきゅうーじゅう

・視覚での提示：1－2－□－4－□－6－□－8－9－10
　（4歳6か月以降）※10以内

（2）基数性

　就学前の段階では、基本的には、10までの数字の大小がわかればよいのです。表5は、この検査で用いている課題です。（3，5）に相当する長さの紙、（7，2）に相当する長さの紙、（3，4）に相当する長さの紙を2片見せて、「どっちが3でどっちが5？」と尋ね、どちらがどちらの数詞に当たるのかを答えてもらうものです。かなり簡易な方法なので、3問とも正解とした場合に5歳6か月以降の子どもができるとみなします。しかし、これができたと言っても、10までの連続量の相対的な数量がわかっているとは言い切れないところもあります。

表5　2つの連続量と数詞

数概念	基数性	3:1~3:3	3:4~3:6	3:7~3:9	3:10~3:11	4:0~4:2	4:3~4:5	4:6~4:8	4:9~4:11	5:0~5:2	5:3~5:5	5:6~5:8	5:9~5:11	6:0~6:2	6:3~6:5
	(3,5)(2,7)(3,4)											○	○	○	○

　就学後は、数のシステムを段階的に学んでいきます。数詞に対する数学の対応関係を確認したり、10の合成・分解を学んだりしながら、10までの数量、20までの数量をさまざまな数の操作をとおして学んでいきます。どちらが大きい、小さいのレベルではなく、具体的な数に対する連続量との対応関係がわかり、その数をおおよその長さで表現できるようになっていきます。

例）　5　―――――
　　　6　―――――

3. 計算

　ここでは、暗算レベルの簡単な計算、筆算をしなければならないレベルの計算、つまり、暗算と筆算に分けて考えます。

暗　算

たし算・ひき算
・和が10までのたし算　　　例：3＋5＝8
・被減数が10までのひき算　例：7−4＝3
・和が20までのたし算　　　例：7＋8＝15
・被減数が20までのひき算　例：17−9＝8

かけ算・わり算
・九九の範囲のかけ算　　　例：4×5＝20
・九九の範囲のわり算　　　例：30÷6＝5

筆　算

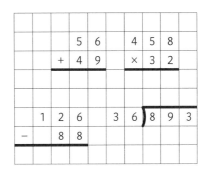

図2　計算式の計算

（1）暗算
①小さい数の暗算
　暗算の範囲の加減算は、和が10までのたし算（たし算）、被減数が10までのひき算（ひき算）、和が20までのたし算（くり上がり）、被減数が20までのひき算（くり下がり）となります。そして、乗除算では、九九の範囲のかけ算・わり算となります。

　暗算の範囲の加減算は、1年生3学期までにすべて学習するはずです。九九の範囲のかけ算は2年生2学期、九九の範囲のわり算は3年生1学期にすべて学習する、ということになります。

　しかし、この範囲の計算は、はじめから暗算ができるわけではなく、時間がかかります。純粋に記憶から検索する時間というのは、1.5秒以内を目安にすることができます（Starkey & McCandliss, 2021）が、表6を見ると、小学生レベルではその限りではなく、下学年だったり、くり上がり、くり下がりには時間がかかっています。このようなことから、本書では、それぞれの10問の問題項目で、それぞれにかかる時間を考慮したうえで、どの程度の計算速度でやるべき問題なのか、ということを決めて実施するようにしています。

②何百・何十の暗算

　100×3の計算で100のかたまりが３つと捉えて暗算することができず、筆算する子どもがいます。このような子どもは、学校のテストでは紙と鉛筆があるので、筆算をして答えが出せますが、生活の中でのさまざまな場面で必要な概算に困ることになります。

　従って、何百・何十の計算について、数をまとまりとして捉え、筆算を用いず暗算ができているかどうかを評価することが重要です。

表6　暗算の範囲の計算の計算時間の学年推移
（各学年の１問の計算時間の中央値）

	小1年生	小2年生	小3年生	小4年生
たし算	1.8秒	1.7秒	1.5秒	1.4秒
ひき算	2.1秒	1.9秒	1.8秒	1.6秒
くり上がり	3.0秒	2.6秒	2.2秒	2.0秒
くり下がり	3.1秒	2.8秒	2.6秒	2.4秒

山本・熊谷（2022）より

（3）筆算

　筆算ができるためには、いくつかのステップを確実に最後まで遂行しなければなりません。たし算では、位をそろえて筆算式を書く、１の位から順に縦に計算する、くり上がる数の処理などの手続きがあります。ひき算であれば、くり下がる数の処理において「となりの位から１借りてくる」ことや、空位の処理など、難解な手続きがあります。かけ算、わり算であればさらに手続きは難解で複雑になります。

　このような手続きの意味を理解し、確実に実行できているかということを評価することが重要です。

4．文章題

数学的推論の中で、欧米の検査の中で取り上げているのは、文章題の解法についてです。この文章題の解法の中で、以下のような過程をたどります。

1．文章を理解する
2．イメージに置き換える（統合過程）
3．立式する（プランニング過程）
4．計算を実行する
5．答えを出して、書く

この中で、1については「読み」の問題となり、4以降は計算の問題です（前述）。この中で統合過程とプランニング過程の2つが、文章題である過程です。

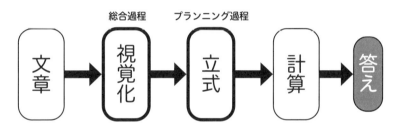

図3　（数学的）推論：操作的には文章題の解法

統合過程では、文章題の問題文をまず絵に描くようにすると、この段階がうまくいっているのかがよくわかります。

また、プランニング過程については、計算式が立てられるかどうか、ということで見ていきます。

本検査では、はじめから、確認していくことにしたいと思います。

本書の使い方

●本書は、検査時の年齢により、２種類の検査を用意してあります。

①就学前に獲得される数に関する知識や技能を評価する
　「就学前検査」
②就学後に算数の教科学習で習得される内容を評価する
　「就学後検査」

「就学前検査」は、就学前相談や児童発達センター、
学校などで個別に検査を実施します。
「就学後検査」は、個別に実施することのほか、学校の
一斉指導の中で実施することもできます。

クラス全体の大まかな学習状況を把握してから、個々の子どものつまずきの背景を
より詳しく探るため、個別に検査を実施してみてもよいでしょう。

「就学前検査」は、全部で10種類、全体の所要時間は10分〜15分、
「就学後検査」は、全部で26種類あり、それぞれ5分程度です。

●本書は、次のように構成されています。

　第1章　算数障害スクリーニング検査の概説
　第2章　検査の進め方
　第3章　記録のしかた
　第4章　保護者・教師に伝える資料

　冊子　　検査用紙・評価表・記録用紙
　※冊子は、書籍本体から取り外し、
　　コピーをして使用します。

第2章

算数障害スクリーニング検査
用紙と検査の進め方

就学前検査 の進め方

1. 数処理① ― 数唱

検査用紙はありません。

いち、に、さん……

目的

数を順序よく唱えられるかを調べることにより、
数詞の正しい系列がいくつまで言えるかどうかを確かめる。

検査の実施方法

「お風呂に入っているとき、数を数えたことはありますか。1から順番に、できるだけたくさん数を言ってみてください」
言い始めに「いち、に……」と小さい声で言いながら頭をリズムよく動かして、言い出しを滑らかにするよう応援してもよい。

正誤の判断

●正答の例
・正しい系列で数唱が言えたところまで。
●誤りの例
・数詞が飛んだりしたら、飛ぶ前までのところで判断。

時間の目安

30秒程度

観察点

子どもが数詞の系列をいくつまで言えるか、いくつから数詞の系列が飛んだり間違えたりしているかをよく聞く。
わからないときには、無理をさせない。

2. 数処理② ― 数詞→具体物①

1-A

検査用紙番号

●1-A

目的

具体物に対して数詞を対応できるかどうか調べることにより、目と手を協応させて計数することがいくつまでできるかどうかを確かめる。

検査の実施方法

12個のドットを横1列に並べてある検査用紙を、机上に示す。
「ここにある丸を、1つずつ指さしながら、大きな声で数えてください」

正誤の判断

●正答の例
・「いち」「に」「さん」「し」「ご」「ろく」「なな」「はち」「く」「じゅう」
　「じゅういち」「じゅうに」
・1つひとつ数詞を言いながら、最後まで数えられたら正答。
●誤りの例
・最後まで数えられない。

時間の目安

10秒程度

観察点

・数えられたところまでの数詞を記入しておく。
・指さしがずれてしまうなどないかも観察する。

3. 数処理③ ─ 数詞→具体物②

検査用紙はありません。

目的

言った数のおはじきを渡せるかを調べることにより、数を記憶して、おはじきを操作できるかどうかを確かめる。

検査の実施方法

同じ大きさのおはじきを 30 個（色も同じものが望ましい）、子どもの目の前に、山にして、ランダムに置く。
質問①「私に 4 個ください」
質問②「私に 7 個ください」
質問③「私に 12 個ください」

正誤の判断

●正答の例
・質問①＝ 4、質問②＝ 7、質問③＝ 12 を検査者に渡してくれる。
●誤りの例
・ほかの数を渡す。

時間の目安

30 秒程度

観察点

どのように数えて準備するのかを観察しておく。

4．数処理④ ― 数字→数詞

検査用紙

1-B

1	2	3	4	5
6	7	8	9	10
11	12	14	20	

検査用紙番号

●1-B　※コピーした紙をカード状に切って使用

目的

数字を見て、正しい数詞が言えるかどうかを調べる。

検査の実施方法

数字が書かれたカード14枚を重ねて用意する。
1枚ずつカードを提示しながら、「この数字はなんと言いますか」と問いかける。

〈提示順〉①7、②20、③4、④5、⑤1、⑥12、
⑦9、⑧10、⑨2、⑩14、⑪6、⑫3、
⑬11、⑭8
※正誤にかかわらず、テンポよく提示する。

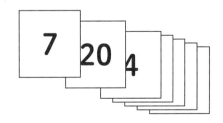

時間の目安

すべてで20秒程度

観察点

数字を言い間違える場合に、なんと読むか、記録しておく。

5. 数概念① ― 量の比較①

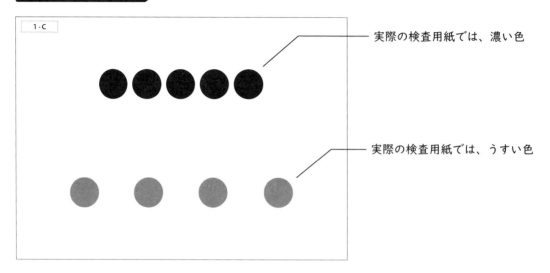

実際の検査用紙では、濃い色

実際の検査用紙では、うすい色

検査用紙番号

● 1-C

目的

ドットがどのように並んでいても、数はドットの端の長さによらないことがわかっているか調べることにより、配列の間隔によらず、瞬時に数を比較できるかどうかを確かめる。

検査の実施方法

濃い色のドットが5つ、薄い色のドットが4つ、それぞれ横1列に並んでいる検査用紙を、机上に提示する。「濃い色の丸（の系列のまん中の丸を指さし）とうすい色の丸（の系列のまん中で丸のない箇所を指さし）は、どちらがたくさんありますか」

正誤の判断

●正答の例
・「濃い色」、「（上をさして）こっち」、「上」と言うなど。
●誤りの例
・正解したとしても、ドットを1つひとつ数えるなどの場合は誤答。
・丸を指さし確認している。
・声を出して数えている。

時間の目安

2秒

観察点

子どもが2列を同時にひとめ見て、数の多少を認識しているかに注目する。

6. 数処理⑤ ― 具体物→数詞

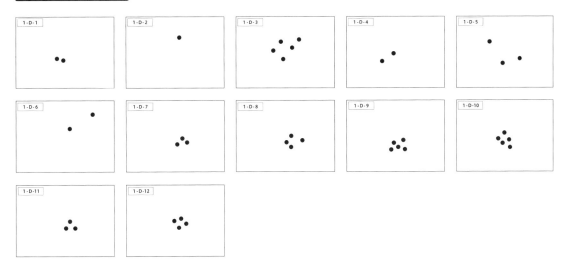

検査用紙番号

●1-D-1 ／1-D-2 ／1-D-3 ／1-D-4 ／1-D-5 ／1-D-6 ／1-D-7 ／
1-D-8 ／1-D-9 ／1-D-10 ／1-D-11 ／1-D-12

目的

ドットのまとまりをどれくらいの時間で数えるのか調べることにより、サビジタイジング（一目把握）する力がいくつまであるかどうかを確かめる。

検査の実施方法

ドットが書かれたカードを順に机の上に提示しながら、「いくつありますか」。3秒提示する。

正誤の判断

●正答の例
・「1」「2」「3」程度までは、瞬時に把握できるはず。
・数えてもいいので、出た答えがドットの数と合えばよい。
●誤りの例
・ドットの個数が間違ったり、無反応の場合。

時間の目安

1枚につき3秒以内（瞬時に把握できれば、1.5秒内で答えられる）

観察点

子どもがいくつまでを一目（瞬時に）把握できるかどうか、また目や指で数えているかを観察する。

7. 数概念② 一 量の比較②

検査用紙はありません。

目的

山になっている2種類のおはじきのどちらが多いか、量を比較する力を調べる。

検査の実施方法

おはじき3個と別のおはじき7個を無造作に山積みにして提示する。
「こっち（の山）と、こっち（の山）、どちらが多いですか」

正誤の判断

●正答の例
・「こっち」などとおはじき7個をさす。

時間の目安

2秒

観察点

1つずつ対応させるように山を崩していく、ぱっと見ただけで答えるなど、どのように比べているか、取り組み方を記録する。

8. 数処理⑥ ― 具体物→数詞

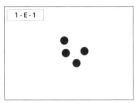 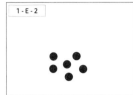 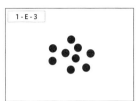 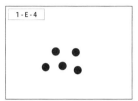

検査用紙番号

●1-E-1 ／ 1-E-2 ／ 1-E-3 ／ 1-E-4

目的

ドットが動かない場合に、どこからどのように数えるのか調べることにより、効率的に一番近い位置のドットを数えることができるかどうかを確かめる。

検査の実施方法

全部で4枚のカードを1枚ずつ机上に示す。
「ここにある黒丸を指でさしながら、数えてください。いくつありますか」

正誤の判断

●正答の例
・1-E-1 = 4 ／ 1-E-2 = 6 ／ 1-E-3 = 9 ／ 1-E-4 = 5
●誤りの例
・同じ丸を何度も数え、答えが間違う。
・以下のような様子が見られるときは、記録したうえで、誤りと判定する。
・指をさしている丸と呼称がずれている。
・指さし、もしくは呼称をしなかった丸がある。

時間の目安

各カード2秒程度

観察点

検査者の手元にも検査用紙を用意しておき、どこから数えたかを1、2、3 ……とナンバリングし、効率的な数え方をしているかどうか、自分なりの方法論があるかどうかを観察する。

9. 数概念③ ー 数詞→連続性

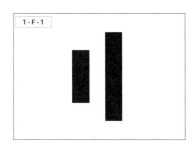
1 - F - 1

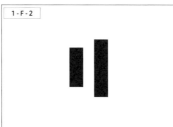
1 - F - 2

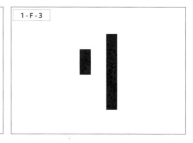
1 - F - 3

検査用紙番号

● 1-F-1 ／ 1-F-2 ／ 1-F-3

目的

連続量として、2本の異なる長さの線分を提示して、長さの感覚が備わっているかどうか調べる。

検査の実施方法

上図のように、縦向きに平行に並べて提示する。
長さは、1回目は「3：5」（1－F－1）、2回目は「3：4」（1－F－2）、
3回目は「2：7」（1－F－3）とする。

・1回目「どちらが3で、どちらが5？」
・2回目「どちらが3で、どちらが4？」
・3回目「どちらが2で、どちらが7？」

正誤の判断

●正答の例
・1回目（1－F－1）の場合、「こっちが3で、こっちが5」と、さしながら言う
●誤りの例
・「こっち」と言い片方だけをさす。
・大きさを逆にさす。

時間の目安

各1秒程度

観察点

線の長さの量的な側面を聞いていることが理解できていない場合には、答え方が異なるので、答え方を観察する。

10. 文章題（口頭）

検査用紙はありません。

目的

具体的に操作するものがない、イメージでの数操作が可能かを調べる。

検査の実施方法

・1問目：「あなたはみかんを5個持っているとします。あなたが私にみかんを3個くれると、
　　　　あなたのみかんは何個になりますか」
・2問目：「あなたはりんごを4個持っているとします。私があなたにりんごを2個あげると、
　　　　あなたのりんごは何個になりますか」
聞かれたら何度も読む。

正誤の判断

●正答の例
・1回目：「2」「2個」「2つ」などと答える
・2回目：「6」「6個」「6つ」などと答える

時間の目安

各30秒　※難しいようなら、30秒待つことなく終了してもよい。

観察点

減ったか増えたかを理解しているかに注目する。ぶつぶつつぶやくなどした場合には記録して
おき、どのように答えを導き出そうとしているか観察する。

就学後検査 の進め方

11. 数処理① ― 数唱

検査用紙はありません。

目的

数（詞）を口答で唱えられるかを調べることにより、数詞の正しい系列がいくつまで言えるかどうかを確かめる。

検査の実施方法

「１から順番にイチ、ニ、サン……て、声を出して数えてみてね」と教示し、途中でやめてしまったら「その先も数えられるかな？」と促しながら 120 までは数えさせる。どこまで数えられたかチェックする。はじめに「１、２、３、どうぞ」と、調子をとって開始を促してもよい。

時間の目安

5 分程度

12. 数処理② ― 数詞→具体物

検査用紙はありません。

目的

言った数のおはじきを渡せるかを調べることにより、数を短期的に記憶し、おはじきを操作できるかを確かめる。

検査の実施方法

おはじき 30 個を山にして子どもの目の前に置き、指示した数のおはじきを取らせる。
・１問目：「私に 12 個ください」
・２問目：「私に 20 個ください」
・３問目：「私に 27 個ください」

時間の目安

すべてで 2 分程度

観察点

目の前に山になっているおはじきを、どのように動かしているか（すべて１個ずつ数えるか、２や３や５個ずつ数えるか）、その方略も観察しておく。

13. 数処理③ ― 数字→数詞

記録用紙はありません。

検査用紙

2-A-1		

数処理③	48	102	317
数処理④	16	101	115
	15	50	51
数処理⑤	103	113	133
	115	150	151

2-A-2		

数処理⑥	14	41	13
	30	31	101
	104	105	110
数処理⑧	4	8	24
	8	150	50

検査用紙番号

● 2-A-1 ※コピーした紙をカード状に切って使用

目的

数字を見て、正しい数詞が言えるかどうかを調べることにより、数字から数詞への対応関係が成立しているかどうかを確かめる。

検査の実施方法

数字カードを用意して、「この数字を読んでください」と言う。

・1問目： 48 　・2問目： 102 　・3問目： 317

時間の目安

すべてで2分程度

観察点

48 は「しじゅうはち」でも「よんじゅうはち」でもどちらでもよい。

14. 数処理④ ― 数字→具体物（分離量）

検査用紙は「2-A-1」を使用してください。 ※コピーした紙をカード状に切って使用

目的

数字を見て、その分だけの具体物を出すことができるかどうかを確かめる。

検査の実施方法

10のかたまりブロック12本と、バラのブロックを10個用意し、数字カードを見せて、「私にこの数だけください」と言う。数字カードを読んではいけない。ブロックは算数セットを利用してもよい。

・1問目： 16 　・2問目： 101 　・3問目： 115

時間の目安

すべてで5分程度

観察点

10のまとまりはカードやブロックを使用してもよいが、子どもが10のかたまりであることを理解しているか確認する。

15. 数処理⑤ ― 数詞→数字

検査用紙は「2-A-1」を使用してください。 ※コピーした紙をカード状に切って使用

目的

数を言ったときに、それを表している数字を選べるかどうかを確かめる。

検査の実施方法

1問目： 15 50 51 、2問目： 103 113 133 、3問目： 115 150 151 の数字カードをそれぞれ3枚ずつ目の前に並べて「今から言う数字カードを取ってください」と言う。

・1問目：「じゅうご」 ・2問目：「ひゃくさん」 ・3問目：「ひゃくじゅうご」

時間の目安

すべてで2分程度

16. 数処理⑥ ― 具体物（分離量）→数字

検査用紙は「2-A-2」を使用してください。 ※コピーした紙をカード状に切って使用

目的

おはじきの山（具体物）から、その数を表す数字が選択できるかどうかを確かめる。

検査の実施方法

おはじき120個と、

14 、 41 、 13 、 30 、 31 、 101 、 104 、 105 、 110 の数字カードを用意し、
その中から次の数だけおはじきを山にして目の前に出し、「ここにあるおはじきの数を
数えて、数字カードを選んで答えてください」と言う。

・1問目：おはじき14個の山＝ 14

・2問目：おはじき30個の山＝ 30

・3問目：おはじき104個の山＝ 104

時間の目安

すべてで5分程度

観察点

P20「数詞→具体物②」のときと同じく、1つずつ数えて分けている、2つずつ数えて
分けている、5つずつ数えて分けているなど、子どもがどのように数えているか、観察
する。

17. 数処理⑦ 一 数詞→具体物（連続量）

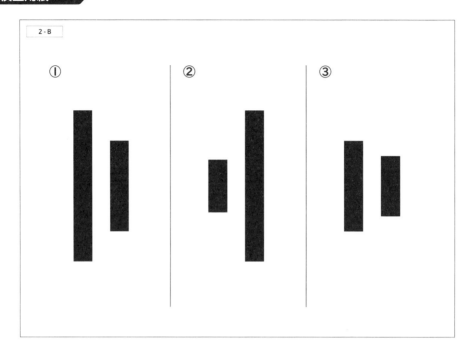

検査用紙番号

● 2 - B

目的

２つの数を言ったとき、その２つの数を表す長さをそれぞれ選択することができるかどうかを確かめる。

検査の実施方法

上図のように、縦向きに平行に並べて提示する。

課題は①～③まであるが、取り組む課題だけが見えるように提示する（ほかの番号の課題は紙などで隠すとよい）。

長さは、１回目は「10：6」、２回目は「14：40」、３回目は「110：81」とする。

・１回目「どちらが 10 で、どちらが 6 ？」
・２回目「どちらが 14 で、どちらが 40 ？」
・３回目「どちらが 110 で、どちらが 81 ？」

時間の目安

すべてで２分程度

18. 数処理⑧ — 数字→具体物（連続量）

2-C

① ② ③

検査用紙番号

● 2-C
● 2-A-2 は、コピーしてカード状に切って使用してください。

目的

2つの数字カードを出して、その2つの数字が表す長さをそれぞれ選択できるかどうかを確かめる。

検査の実施方法

長さの異なる2本の線分（検査用紙「2-C」）と数字カード（検査用紙「2-A-2」）を提示して、「次の2つの紙の長さは、どちらがどちらの数か考えて数字カードを選んで答えてください」と言う。
長さは、1回目は「4：8」、2回目は「24：8」、3回目は「150：50」とする。

・1回目「どちらがこれ 4 で、どちらがこれ 8 ？」
・2回目「どちらがこれ 24 で、どちらが 8 ？」
・3回目「どちらが 150 で、どちらが 50 ？」

時間の目安

すべてで2分程度

19. 数概念① ー 序数性

検査用紙

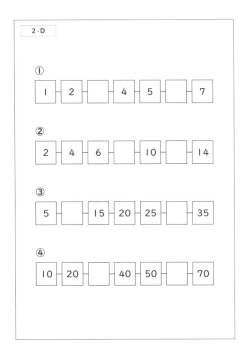

検査用紙番号

● 2 - D

目的

数の順序を理解しているかどうかを確かめる。

検査の実施方法

プリントを提示し、「空いている□（四角）にあてはまる数字を書きましょう。」と言う。

正誤の判断

各問2箇所の□に正しい数字が書けていることで正答とする（例：①右3, 左6, 両方正解で正答（○）。右3, 左8は誤答（×））。

時間の目安

3分程度

20. 数概念② ― 基数性①

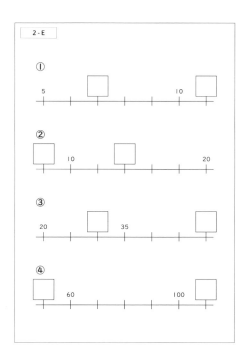

検査用紙番号

● 2 - E

目的

数直線上の目盛りの示している数字が書けるかどうかを確かめる。

検査の実施方法

プリントを提示し、「目盛りにある数字を見て、□（四角）に入る数字を書いてください」
と言う。

正誤の判断

各問2箇所の□に正しい数字が書けていることで正答とする（例：①右7, 左11, 両方正解
で正答（○）。右6, 左11は誤答（×））。

時間の目安

3分程度

35

21. 数概念③ ― 基数性②

検査用紙

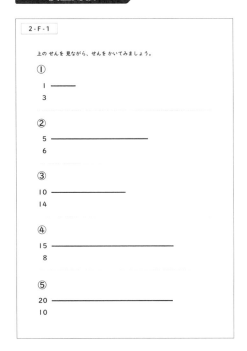

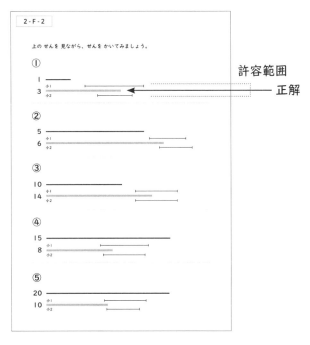

検査用紙番号

● 2-F-1 ／ 2-F-2

目的

基数となる長さに対して、もう1つの数字がどれくらいの長さになるのかを確かめる。

検査の実施方法

「上の線を見ながら、線を書いてみましょう」と言う。

正誤の判断

解答(「2-F-2」)を、子どもの検査用紙と重ね合わせて判断する。解答には正解と許容範囲(小1・小2以上)が示されている。

時間の目安

各5分程度

観察点

長さを比較してみて線を引いているかを観察する。

22. 計算① ― 暗算（小さな数）

2-G-1

① 1 + 1 =

② 9 + 1 =

③ 2 + 1 =

④ 3 + 2 =

⑤ 7 + 1 =

⑥ 5 + 3 =

⑦ 3 + 7 =

⑧ 4 + 2 =

⑨ 2 + 7 =

⑩ 7 + 3 =

2-G-3

① 2 − 1 =

② 10 − 5 =

③ 3 − 2 =

④ 5 − 2 =

⑤ 10 − 3 =

⑥ 8 − 4 =

⑦ 7 − 5 =

⑧ 8 − 2 =

⑨ 9 − 5 =

⑩ 8 − 6 =

2-G-9

① 2 × 3 =

② 5 × 5 =

③ 2 × 9 =

④ 5 × 3 =

⑤ 7 × 9 =

⑥ 8 × 8 =

⑦ 7 × 2 =

⑧ 9 × 4 =

⑨ 8 × 6 =

⑩ 7 × 3 =

検査用紙番号

●たし算：2-G-1 ／ 2-G-2
●ひき算：2-G-3 ／ 2-G-4
●くり上がり：2-G-5 ／ 2-G-6
●くり下がり：2-G-7 ／ 2-G-8
●乗算：2-G-9 ／ 2-G-10
●除算：2-G-11 ／ 2-G-12
●加算：2-G-13
●減算：2-G-14

目的

暗算の正確さと時間を確かめる。

集団で検査する場合

準備物

・検査用紙、鉛筆１本、ストップウォッチ
※消しゴムは使用させない。

検査の実施方法

・検査用紙を裏向けで配布し、検査課題が見えないように机の上に置く。
・各自、鉛筆を１本準備し、利き手側に置かせる。
・以下のとおりに教示を行う。
　「今から、○○算の計算をしてもらいます。私が『はじめ』と言ったら紙を表に向け、
　できるだけ速く、間違えないように答えを書いていってください。消しゴムは使いません。
　間違えた場合は空いているところに書いてください。私が『やめ』と言ったら、すぐ
　に鉛筆を置いてください。」
・ストップウォッチを準備し、『はじめ』と言い、開始の合図をする。
・課題ごとの制限時間に達したら、『やめ』と言い、終了の合図をする。
・検査用紙を回収する。

観察点と評価の判断

・制限時間内の正答数で評価する。

【課題の制限時間】

たし算		ひき算		くり上がり		くり下がり	
2-G-1	2-G-2	2-G-3	2-G-4	2-G-5	2-G-6	2-G-7	2-G-8
30秒		30秒		50秒		50秒	

乗算		除算		加算	減算	何百・何十の計算
2-G-9	2-G-10	2-G-11	2-G-12	2-G-13	2-G-14	2-H
30秒		30秒		30秒	30秒	30秒

・採点後、P54 の「暗算判定表」を見て、困難のある子どもがいた場合には、個別で検査を
　実施する（P39 参照）。

個別で検査する場合

準備物

・検査用紙、鉛筆１本、ストップウォッチ

検査の実施方法

・机の上に検査用紙を裏向けで置き、鉛筆を１本子どもの利き手側に置く。
・以下のとおりに教示を行う。
　「今から、〇〇算の計算をしてもらいます。私が『はじめ』と言ったら紙を表に向け、
　できるだけ速く、間違えないように答えを書いていってください。最後まで終わったら
　『終わった。』と言って、すぐに鉛筆を置いてください。」
・ストップウォッチを準備し、『はじめ』と言い、開始の合図をする。
・子どもが問題を解いている際に、１問ごとに解答までの反応時間を計測する（観察でも可）。

観察点と評価の判断

・反応時間で評価する。
・すべての問題に時間がかかるのか、速く解決できる問題（自動化の目安は1.5秒）と、
　時間がかかる問題があるのかを評価する。
・時間がかかっている問題の内容によって支援を開始する。

【暗算（小さな数）に関する検査の時期】

課題	問題	実施可能な時期（〇印）						
		1年	2年	3年	4年	5年	6年	
たし算	2-G-1	〇	〇	〇	〇			1年生に実施の場合は2学期以降
	2-G-2							
ひき算	2-G-3	〇	〇	〇	〇			1年生に実施の場合は2学期以降
	2-G-4							
くり上がり	2-G-5	〇	〇	〇	〇			1年生に実施の場合は3学期以降
	2-G-6							
くり下がり	2-G-7	〇	〇	〇	〇			1年生に実施の場合は3学期以降
	2-G-8							
乗算	2-G-9			〇	〇	〇	〇	3年生に実施の場合は1学期以降
	2-G-10							
除算	2-G-11			〇	〇	〇	〇	3年生に実施の場合は2学期以降
	2-G-12							
加算	2-G-13			〇	〇	〇	〇	3年生に実施の場合は1学期以降
減算	2-G-14							

23. 計算② ー 暗算（何百・何十の数）

検査用紙

> 2 - H
>
> ① 40 ＋ 90 ＝
>
> ② 80 － 30 ＝
>
> ③ 50 × 20 ＝
>
> ④ 800 ÷ 40 ＝

検査用紙番号

● 2 - H

準備物

・検査用紙、鉛筆１本、ストップウォッチ　※消しゴムは使用させない。

検査の実施方法

・検査用紙を裏向けで配布し、検査課題が見えないように机の上に置く。
・各自、鉛筆を１本準備し、利き手側に置かせる。
・以下のとおりに教示を行う。
　「今から、〇〇算の計算をしてもらいます。私が『はじめ』と言ったら紙を表に向け、できるだけ速く、間違えないように答えを書いていってください。消しゴムは使いません。間違えた場合は空いているところに書いてください。私が『やめ』と言ったら、すぐに鉛筆を置いてください。」
・ストップウォッチを準備し、『はじめ』と言い、開始の合図をする。
・課題ごとの制限時間に達したら、『やめ』と言い、終了の合図をする。
・検査用紙を回収する。

観察点と評価の判断

・制限時間内の正答数で評価する。
　①②を合わせて 30 秒、③④を合わせて 60 秒

課題	問題	内容	学習時期
何百・何十の数	４０＋９０	10を単位とした加算	2年1学期
	８０－３０	10を単位とした減算	2年1学期
	５０×２０	10を単位とした乗算	3年3学期
	８００÷４０	10を単位とした除算	4年2学期

・採点後、困難のある子どもがいた場合には、個別で検査を実施し、行動観察をする（P39 参照）。

24. 計算③ ー 筆算

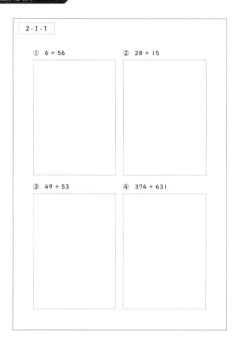

2-Ⅰ-1
① 6 + 56 ② 28 + 15
③ 49 + 53 ④ 374 + 631

検査用紙番号

●たし算の筆算：2-Ⅰ-1
●ひき算の筆算：2-Ⅰ-2
●かけ算の筆算：2-Ⅰ-3
●わり算の筆算：2-Ⅰ-4

目的

横書きにしてある式を下の枠の中で筆算をし、正しい手順で計算できるかを確かめる。

個別での検査のみ

準備物

・検査用紙、鉛筆１本、筆算チェックシート（P.42）

検査の実施方法

・机の上に検査用紙を裏向けで置き、鉛筆を１本子どもの利き手側に置く。
・以下のとおりに教示を行う。
　「今から、筆算の問題を解いてもらいます。私が『はじめ』と言ったら紙を表に向け、式と答えを書いていってください。最後まで終わったら『終わった』と言って、すぐに鉛筆を置いてください。わからない問題はとばしてください」
・ストップウォッチを準備し、『はじめ』と言い、開始の合図をする。
・筆算の記録用紙（3-2-5）の項目で子どもの行動を観察し、チェックしていく。

観察点と評価の判断

・行動観察で評価する。

各課題の学習時期の目安です。対象の子どもが学校で学習を終えているのかを確認して実施してください。

課題	問題	内容	学習時期
たし算	６＋５６	２桁＋１桁（くり上がり１回＋桁揃え）	２年１学期
	２８＋１５	２桁＋２桁（くり上がり１回）	２年１学期
	４９＋５３	２桁＋２桁（くり上がり２回＋十の位０）	２年２学期
	３７４＋６３１	３桁＋３桁（くり上がり２回＋千の位）	２年２学期
ひき算	４３－５	２桁－１桁（くり下がり１回）	２年１学期
	３５－２７	２桁－２桁（くり下がり１回＋差が１桁）	２年２学期
	１５６－８８	３桁－２桁（くり下がり２回）	２年２学期
	５００４－８	４桁－３桁（くり下がり１回＋空位２）	３年１学期
かけ算	１６×３	乗数１桁、部分積２桁	３年２学期
	３８×６	乗数１桁、部分積の加算くり上がり	３年２学期
	２５×５６	乗数２桁、部分積の加算くり上がり１回	３年３学期
	８９×２７	乗数２桁、部分積の加算くり上がり２回	３年３学期
わり算	８４÷６	十の位に商	３年２学期
	５２９÷８	あまりあり	４年１学期
	１１７÷１３	百の位・十の位に商なし	４年２学期
	２７０÷１８	０の処理	４年２学期

就学後検査

25. 文章題（記述）

検査用紙	たし算・ひき算（２年生2学期より）／かけ算・わり算（４年生2学期より）

2 - J - 1

みかんが 家に ２こ ありました。お母さんが ５こ 買って きました。
みかんは 家に 何こ あるでしょうか。

（しき）　　　　　　　　　　（答え）□

ありが 外を ３びき 歩いて いました。1ぴきは すに 帰って
しまいました。すから また ２ひき 出て きました。外を 歩いて
いる ありは 何びきでしょうか。

（しき）　　　　　　　　　　（答え）□

さとみさんは、前から ５番目に ならんで います。さとみさんの 後ろに
７人 ならんで います。みんなで 何人 いますか。

（しき）　　　　　　　　　　（答え）□

ひよこが ２羽 生まれました。ひよこは ぜんぶで ９羽に なりました。は
じめに 何羽 いたでしょうか。

（しき）　　　　　　　　　　（答え）□

ちょうちょうが ８ひき お花に とまって いました。そのうち ４ひきの
ちょうちょうは とんでいって しまいました。はちが ２ひき お花に
とんで きました。ちょうちょうは 今 何びき とまって いるでしょうか。

（しき）　　　　　　　　　　（答え）□

①テスト用紙

2 - J - 2

①みかんが 家に ２こ ありました。
②お母さんが ５こ 買って きました。
③みかんは 家に 何こ あるでしょうか。

①　　　　　　　　②

③

（しき）□

（答え）□

②個別問題用紙

検査用紙番号

	①テスト用紙	②個別問題用紙
たし算・ひき算	2 - J - 1	2 - J - 2 ～ 2 - J - 6
かけ算・わり算	2 - J - 7	2 - J - 8 ～ 2 - J -12

※実施の目安は、P47を参照してください。

検査の実施方法

①対象年齢のテスト用紙を準備し、「次の文章を読んで、式と答えを書きます」と指示する。
②集団実施ではクラスの状況に合わせて 10 ～ 15 分間で解かせる。全問正解ではなかった
　子どもには、個別で「個別問題用紙」に取り組ませる。指示は、「次の文章を読んで、①、②、
　③、（④）の絵をそれぞれ描き、式と答えを書いてください」とする。
　※たし算、ひき算、かけ算、わり算で共通

観察点と評価の方法

・状況を適切に表せれば、具体的な絵でも、線分図のようなものでもよい。
・数字と適切な演算子を用いて答えを導き出すための立式ができるかどうかを確認する。

就学後検査

第3章

記録用紙・評価表の記入方法

検査項目と検査用紙番号リスト

　以下の表は、付属の冊子に収録されている就学前・就学後、それぞれの検査用紙番号と記録用紙番号の一覧になります。第2章で紹介している検査の進め方を参考にして使用しましょう。記録用紙の記入方法については、P48～57をご確認ください。

		検査名	検査用紙番号	評価表番号	実施の目安
就学前検査	数処理	1. 数唱	なし	3-1	幼児～小学校1年生
		2. 数詞→具体物①	1-A		
		3. 数詞→具体物②	なし		
		4. 数字→数詞	1-B		
	数概念	5. 量の比較①	1-C		
	数処理	6. 具体物→数詞	1-D-1／1-D-2／1-D-3／1-D-4／1-D-5／1-D-6／1-D-7／1-D-8／1-D-9／1-D-10／1-D-11／1-D-12		
	数概念	7. 量の比較②	なし		
	数処理	8. 具体物→数詞	1-E-1／1-E-2／1-E-3／1-E-4		
	数概念	9. 数詞→連続性	1-F-1／1-F-2／1-F-3		
	文章題	10. 文章題(口頭)	なし		

		検査名	検査用紙番号	評価表／記録用紙番号	実施の目安
就学後検査	数処理	11. 数唱	なし	3-2／3-2-1	小学校2年生1学期より
		12. 数詞→具体物	なし	3-2／3-2-1	小学校2年生1学期より
		13. 数字→数詞	2-A-1	3-2／3-2-1	
		14. 数字→具体物（分離量）	2-A-1	3-2／3-2-1	小学校2年生1学期より
		15. 数詞→数字	2-A-1	3-2／3-2-1	小学校2年生1学期より
		16. 具体物（分離量）→数字	2-A-2	3-2／3-2-1	
		17. 数詞→具体物（連続量）	2-B	3-2／3-2-1	小学校2年生1学期より
		18. 数字→具体物（連続量）	2-C／2-A-2	3-2／3-2-1	
	数概念	19. 序数性	2-D	3-2／3-2-1	小学校2年生1学期より
		20. 基数性①	2-E	3-2／3-2-1	小学校2年生1学期より
		21. 基数性②	2-F-1／2-F-2	3-2／3-2-1	小学校2年生1学期より
	計算	22. 暗算(小さな数)			
		たし算	2-G-1／2-G-2	3-2／3-2-2	小学校1年生1学期末より
		ひき算	2-G-3／2-G-4	3-2／3-2-2	小学校1年生1学期末より
		くり上がり	2-G-5／2-G-6	3-2／3-2-2	小学校1年生2学期末より
		くり下がり	2-G-7／2-G-8	3-2／3-2-2	小学校1年生2学期末より
		乗算	2-G-9／2-G-10	3-2／3-2-3	小学校3年生1学期より
		除算	2-G-11／2-G-12	3-2／3-2-3	小学校3年生1学期末より
		加算	2-G-13	3-2／3-2-3	小学校3年生1学期より
		減算	2-G-14	3-2／3-2-3	小学校3年生1学期より
		23. 暗算(何百・何十の数)	2-H	3-2／3-2-3	小学校4年生以上（2,3年生は①、②のみ）
		24. 筆算			
		たし算	2-I-1	3-2／3-2-5	小学校2年生2学期より
		ひき算	2-I-2	3-2／3-2-5	小学校3年生1学期より
		かけ算	2-I-3	3-2／3-2-5	小学校3年生3学期より
		わり算	2-I-4	3-2／3-2-5	小学校4年生2学期より
	文章題	25. 文章題(記述)			
		たし算・ひき算（テスト用紙）	2-J-1	3-2／3-2-6	小学校2年生2学期より
		たし算・ひき算（個別問題用紙）	2-J-2／2-J-3／2-J-4／2-J-5／2-J-6	3-2／3-2-6	小学校2年生2学期より
		かけ算・わり算（テスト用紙）	2-J-7	3-2／3-2-6	小学校4年生2学期より
		かけ算・わり算（個別問題用紙）	2-J-8／2-J-9／2-J-10／2-J-11／2-J-12	3-2／3-2-6	小学校4年生2学期より

評価表の記入方法 【就学前】 冊子「3-1」

各検査実施後、冊子に収録されている記録用紙に記入します。就学前検査については、以下の記入例を参照し、冊子の「3-1」をコピーして記入してください。

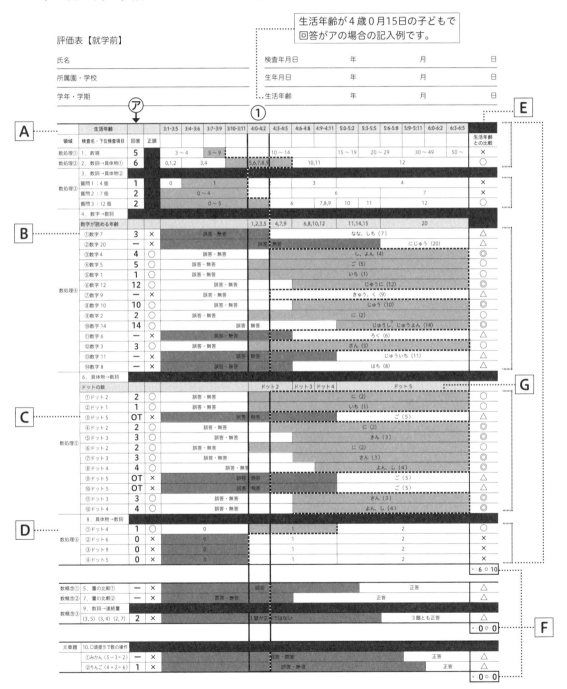

評価表の記入方法

●生活年齢の範囲を線で囲みます（①）。

　事例の子どもは4歳0月15日のため、「4：0～4：2（4歳0か月～4歳2か月）」の範囲を線で囲みます。生活年齢は3か月ごとに分けています。

●各検査での子どもの回答を記入します。

　A「数処理①」の検査で子どもは5まで数えられたので、アの回答欄に5と書きます（回答欄の記入は、以下の検査も同様）。同じ行の「5～9（5～9までの数）」の欄を青色で塗ります。「数処理②」「数処理③」も同様に行います。

　B「数処理④」の検査で7のカードを見せて、子どもが「さん」と回答したので、同じ行の「誤答・無答」の欄を赤色で塗ります。
　　※正答の場合（なな、しち）は、「なな、しち（7）」の欄を青色で塗ります。無答の場合は、アの回答欄に「－」と書きます。

　C「数処理⑤」の検査で回答に3秒以上かかった場合は、アの回答欄に「OT（Over Timeの略）」と書きます。

　D「数処理⑥」の検査における各問題では、一番近いドットを数えていく場合には「2」を、一番近いドットではなく、1回でも次に近いドットを数えていた場合は「1」を、これらの基準に当てはまらず、1回でも遠いドットを数えていた場合には「0」を、アの回答欄に書きます。同じ行の「0」「1」「2」の欄に、「0」の場合は赤色を、「1」「2」の場合は青色を塗ります。

　※「数概念①②③」「文章題」は、「数処理①～④」を参照してください。
　※「数処理①～④」の▉▉▉は、記入しません。
　※「数処理④」の▢▢▢は、それぞれの生活年齢で読める数字を入れています。

●「生活年齢との比較」欄に記入します。

　E 年齢よりも低いところに回答があれば「×」としますが、誤答・無答であっても年齢範囲であれば妥当であるとして「△」とします。年齢範囲の問題ができれば「○」、年齢よりも高いところに回答範囲がある場合は、年齢以上の力が発揮されていると判断し「◎」とします。

　F「数処理」「数概念」「文章題」それぞれの検査で、「×」の数、「◎」の数を集計し、 ×：　◎：　 の欄に記入します。

　G 各問題で正答であれば、正答範囲の上限に線を引き、誤答・無答であれば、生活年齢を基準に線を引くと、子どもの実態がわかりやすいでしょう。

●これによって「数処理」「数概念」「文章題」のどこに困難さがあるのかを評価します。

就学後検査のについては、以下の記入例を参照し、冊子の「3-2」をコピーしてP51～57を参照して記入してください。

領域	課題内容	正答数/全問数	判定	入力 聴覚(聞く)	入力 視覚(見る)	記憶 短期記憶	記憶 長期記憶	出力 音声(言う)	出力 運動(操作する)	処理様式 継次	処理様式 同時	備考
数処理	11. 数唱		○	○	○		○	○		○		120
	12. 数詞→具体物	2 /3	×	×	×				×	×	×	
	13. 数字→数詞	3 /3	○		○			○				
	14. 数字→具体物(分離量)	3 /3	○		○				○		○	
	15. 数詞→数字	3 /3	○	○	○	○				○	○	
	16. 具体物(分離量)→数詞	3 /3	○						○	○	○	
	17. 数詞→具体物(連続量)	1 /3	×	×	×				×	×	×	
	18. 数字→具体物(連続量)	3 /3	○		○			○	○			
数概念	19. 序数性(数字の穴埋め)	4 /4	○		○		○		○	○	○	
	20. 基数性(数直線)	2 /4	×		×	×			×	×	×	
	21. 基数性(線描画)	1 /5	×		×	×			×	×	×	
	○の総数			1 /3	5 /5	1 /2	1 /1	2 /2	2 /3	2 /2	2 /5	
	×の総数			2 /3	0 /5	1 /2	0 /1	0 /2	1 /3	0 /2	3 /5	

A　B　C　D

領域	課題内容	正答数 / 全問数	パーセンタイル順位	備考
計算	22. たし算 (2-G-1)	9 /10	50-65	
	22. たし算 (2-G-2)	10 /10	70-100	ひき算(2-G-3)とくり下がり(2-G-7)に困難あり
	22. ひき算 (2-G-3)	3 /10	20-25	
	22. ひき算 (2-G-4)	6 /10	50-60	
	22. くり上がり (2-G-5)	6 /10	45-50	
	22. くり上がり (2-G-6)	7 /10	55	
	22. くり下がり (2-G-7)	2 /10	30-40	
	22. くり下がり (2-G-8)	4 /10	50-55	
暗算	22. 乗算 (2-G-9)	/10		
	22. 乗算 (2-G-10)	/10		
	22. 除算 (2-G-11)	/10		
	22. 除算 (2-G-12)	/10		
	22. 加算 (2-G-13)	/10		
	22. 減算 (2-G-14)	/10		
	23. 何百・何十の計算 (2-H)	2 /4	×	

E　F　G　H　I

領域	課題内容	正答数 / 全問数	判定	備考
筆算	24. たし算 (2-I-1)	3 /4	×	
	24. ひき算 (2-I-2)	2 /4	×	
	24. かけ算 (2-I-3)	2 /4	×	
	24. わり算 (2-I-4)	2 /4	×	

J　K　L

領域	課題内容		正答数 / 全問数	判定	文章が音読できる	絵・図が描ける	立式できる	式を書いたら計算できる	正しい答え(単位もつける)が出る	備考
文章題	25. たし算・ひき算	テスト用紙	5 /5	○						
		個別問題用紙	/5		/5	/5	/5	/5	/5	
	25. かけ算・わり算	テスト用紙	1 /5	×						
		個別問題用紙	2 /5		5 /5	3 /5	3 /5	3 /5	2 /5	

M　N　O

●これによって「数処理・数概念」「暗算」「筆算」「文章題」のどこに困難さがあるのかを評価します。

記録用紙の記入・評価表への転記方法 「数処理・数概念」 冊子「3-2-1」

就学後の「数処理・数概念」の検査については、以下の記入例を参照し、冊子の「3-2-1」をコピーして記入してください。さらに、結果を「評価表【就学後】」数処理・数概念の欄に転記します。

□ 記録用紙「数処理・数概念」

領域			課題内容		正誤 (ア)	メモ	正答数/全問数 (イ)	判定 (ウ)
数処理	11	数処理①	数唱	数唱	○	120まで数えた		○
	12	数処理②	数詞→具体物	12個ください	×		1 /3	×
				20個ください	×			
				27個ください	○			
	13	数処理③	数字→数詞	数字の読み 48	○		3 /3	○
				数字の読み 102	○			
				数字の読み 317	○			
	14	数処理④	数字→具体物（分離量）	16ください	○		3 /3	○
				101ください	○			
				115ください	○			
	15	数処理⑤	数詞→数字	じゅうご	○		3 /3	○
				ひゃくさん	○			
				ひゃくじゅうご	○			
	16	数処理⑥	具体物（分離量）→数字	おはじき14個	○		3 /3	○
				おはじき30個	○			
				おはじき104個	○			
	17	数処理⑦	数詞→具体物（連続量）	10と6	○		1 /3	×
				14と40	×			
				110と81	×			
	18	数処理⑧	数字→具体物（連続量）	4と8	○		3 /3	○
				24と8	○			
				150と50	○			
数概念	19	数概念①	序数性：穴埋め	1とび	○		4 /4	○
				2とび	○			
				5とび	○			
				10とび	○			
	20	数概念②	基数性①：数直線	1目盛り1	×		0 /4	×
				1目盛り2	×			
				1目盛り5	×			
				1目盛り10	×			
	21	数概念③	基数性②：線描画	1で3	○		1 /5	×
				5で6	×			
				10で14	×			
				15で8	×			
				20で10	×			

記録用紙の記入・評価表への転記方法

① 各課題の子どもの回答を○×で上記「記録用紙」のアに記入します。課題番号ごとの正解数をイに記入し、P50「評価表」のAに転記します。

② 各課題ごとに、全問正解の場合は「記録用紙」のウに○印を記入し、1問でも誤答または無反応であった場合は×印を記入します。それぞれ、「評価表」のBに転記します。

※学年によって未学習の範囲の数においては問題を実施しません。
　例）20から40の数は1年生2学期以降、100までの数は1年生3学期以降で実施可能。

③「評価表」のBに記入した「○×」を、同じ行のCに転記します。

④ Cのうち白地の枠（黒・グレー枠除く）に記入した「○×」の総数をそれぞれDに転記します。

●「○×」の総数を見ると、できないことが多いものについては弱い部分であると推定できます。「入力・記憶・出力・処理様式」の中で白地の欄の内容が、算数学習にかなり関係していると考えられます。
　※グレーの枠の内容は、関係していますがあまり重要ではありません。

記録用紙の記入・評価表への転記方法 「暗算」 冊子「3-2-2／3-2-3」

　就学後の「暗算」の検査については、以下の記入例を参照し、低学年は冊子の「3-2-2」を、中学年以降は「3-2-3」をコピーして記入してください。すべての記入が終わると、結果を「評価表【就学後】暗算の欄に転記します。

□ 記録用紙「暗算」

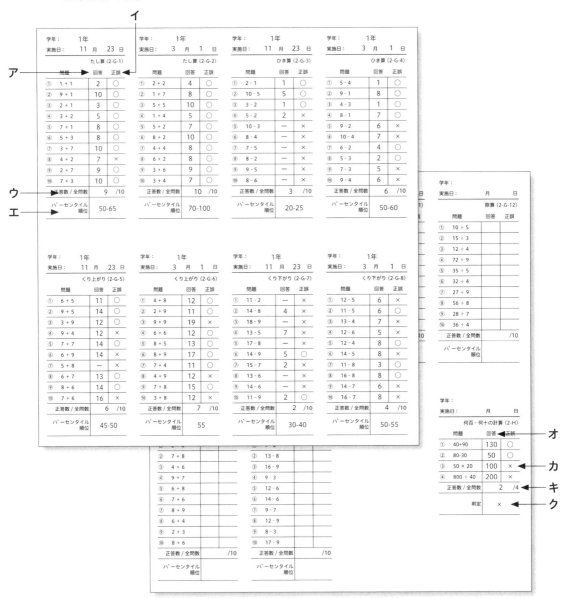

記録用紙の記入・評価表への転記方法

●暗算（小さな数）

① 子どもの回答をアに（無答の場合は「ー」と記入）、回答の正誤をイに○×で記入します。○の数（正答数）をウに記入し、P50「評価表」のEに転記します。

② ウに記入した正答数と、P54「暗算判定表」を照らし合わせてエに記入し、P50「評価表」のFに転記します。

　□ 記録用紙「暗算（小さな数）」

　　P52の記録表のように、子ども（1年生）の「たし算」の正答数が9の場合、暗算判定表（P54）において「あ」の範囲にあるということになります。そこで、記録用紙のエ、および評価表のFには「50-65」と記入します（同様に「ひき算」の正答数は3なので「20-25」、「くり上がり」の正答数は6なので「45-50」、「くり下がり」の正答数は2なので「30-40」となります）。

③ エに記入した数値の範囲を、右の「パーセンタイル順位グラフ」（冊子：3-2-4）に記入します。

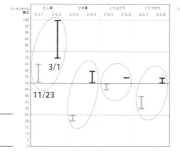

④ エに記入したパーセンタイル順位の範囲が、25を下回る値であった場合、困難があると判定します。

⑤ たし算（2-G-1）の課題を実施後（P52では11月23日に実施）、指導の効果や経年変化を見たい場合には、再度たし算（2-G-2）の課題を実施（同、3月1日に実施）し、上図の点線丸囲みの部分のようにグラフ（3-2-4）に記入し、評価してください。記入の際に異なる色で記入したり、日付を書き添えておくとよいでしょう。

⑥ 備考（評価表のG）には、困難ありとされた課題をメモしたり、誤答や、時間がかかっていた（指を使っていた）式の記録などに使用します。

●暗算（何百・何十の数）

① 子どもの回答をオに記入し（無答の場合は「ー」と記入する）、回答の正誤をカに「○×」で記入します。

② カに記入した○の数を数え、正答数をキに記入し、P50「評価表」のHに転記します。

③ 全問正解で判定を○、各課題1問でも誤答であれば判定は×としてクに記入し、P50「評価表」のIに転記します。

暗算判定表の見方

　P50「評価表【就学後】」の暗算、P52 ～ 53「記録用紙ー暗算」「パーセンタイル順位グラフ」にパーセンタイル順位を記入する際、以下の表を参考にしてください。各年次ごとに（左から1年生）実施する課題の欄を確認します。

パーセンタイル	1年				2年				3年			
	たし算	ひき算	くり上がり	くり下がり	たし算	ひき算	くり上がり	くり下がり	たし算	ひき算	くり上がり	くり下がり
100	・	10	・	10	・	・	・	・	・	・	・	・
95	・	・	・	・	・	・	・	・	・	・	・	・
90	・	9	・	・	・	10	・	10	・	・	・	・
85	・	・	10	9	・	・	・	・	・	・	・	10
80	・	8	・	8	・	・	・	・	・	・	・	・
75	・	・	・	・	・	・	・	・	・	10	・	・
70	10	・	9	7	・	・	・	9	・	・	・	・
65	・	7	・	6	・	・	10	・	・	・	・	・
60	・	・	8	5	・	・	・	・	・	・	・	・
55	・	・	7	・	10	9	・	8	・	・	・	・
50	9	6	・	4	・	・	・	・	・	・	・	9
45	・	5	6	3	・	8	9	7	・	・	10	・
40	・	・	・	・	・	・	・	・	・	・	・	・
35	8	・	5	・	・	・	・	6	10	・	・	・
30	・	4	4	2	・	7	8	5	・	9	・	8
25	・	・	3	・	9	・	7	4	・	・	・	・
20	7	・	3	・	・	6	・	3	・	8	9	7
15	6	・	2	・	8	5	6	2	・	・	8	6
10	5	2	・	1	7	4	5	・	9	7	7	4
5	4	1	1	・	6	3	2	1	8	5	6	2
0	1	0	0	0	5	1	1	0	6	2	1	0

	乗算	除算	加算	減算	乗算	除算	加算	減算	乗算	除算	加算	減算
100									・	・	・	・
95									・	・	・	・
90									10	10	・	10
85									・	・	・	・
80									・	9	・	9
75									・	・	・	・
70									9	8	・	8
65									・	・	10	7
60									・	7	・	・
55									8	6	8	・
50									・	・	・	6
45									7	5	・	・
40									6	・	7	5
35									・	・	6	・
30									5	4	・	4
25									4	3	5	・
20									3	・	・	3
15									・	・	4	2
10									2	2	3	・
5									1	1	1	1
0									0	0	0	0

あ

●パーセンタイル順位

P53で説明しているとおり、1年生のたし算で9問正答した場合、パーセンタイル順位は50〜65（あ）が、その子どもの範囲となります。

パーセンタイル	4年				5年				6年			
	たし算	ひき算	くり上がり	くり下がり	たし算	ひき算	くり上がり	くり下がり	たし算	ひき算	くり上がり	くり下がり
100	·	·	·	·								
95	·	·	·	·								
90	·	·	·	·								
85	·	·	·	·								
80	·	·	·	10								
75	·	·	·	·								
70	·	·	·	·								
65	·	10	·	·								
60	·	·	·	·								
55	·	·	·	·								
50	·	·	·	·								
45	·	·	10	9								
40	·	·	·	·								
35	·	·	·	8								
30	·	·	·	·								
25	10	9	·	·								
20	·	·	9	7								
15	·	·	·	6								
10	·	8	8	5								
5	9	7	5	3								
0	1	0	0	1								

パーセンタイル	乗算	除算	加算	減算	乗算	除算	加算	減算	乗算	除算	加算	減算
100	·	·	·	·	·	·	·	·	·	·	·	·
95	·	·	·	·	·	·	·	·	·	·	·	·
90	·	·	·	·	·	·	·	·	·	·	·	·
85	·	·	·	10	·	·	·	·	·	·	·	·
80	·	10	·	·	·	·	·	10	·	·	·	·
75	·	·	10	·	·	·	·	·	·	·	·	·
70	10	·	·	9	·	10	·	·	·	·	·	10
65	·	·	·	·	10	·	10	·	·	10	·	·
60	·	9	9	8	·	·	·	9	·	·	·	·
55	·	·	·	·	·	·	·	·	·	·	10	·
50	·	8	·	7	·	9	·	8	10	·	·	9
45	·	·	8	6	·	·	9	·	·	·	·	·
40	9	·	·	·	·	·	·	7	·	·	·	8
35	·	7	7	5	·	8	·	·	·	9	9	·
30	8	6	6	4	9	7	8	6	·	·	·	7
25	·	5	·	·	·	·	7	·	·	8	8	6
20	7	4	5	3	·	6	6	5	9	·	·	·
15	6	·	4	2	8	·	5	4	·	7	7	5
10	4	3	3	·	7	4	·	3	8	6	6	4
5	3	2	2	1	5	2	4	2	7	5	5	3
0	1	0	1	0	0	1	2	0	4	3	2	0

記録用紙の記入・評価表への転記方法　「筆算」　冊子「3-2-5」

　就学後の「筆算」の検査については、以下の記入例を参照し、冊子の「3-2-5」をコピーして記入してください。さらに、結果を「評価表【就学後】」筆算の欄に転記します。

□記録用紙「筆算」

		ア	イ	ウ	エ	オ	カ	キ
課題	問題	回答	正誤	正答数/全問数	判定	手続き	位を揃える	チェックポイント
たし算	6+56	62	×			×	×	2桁+1桁（くり上がり1回+位揃え）
	28+15	43	○	3 /4	×	○	○	2桁+2桁（くり上がり1回）
	49+53	102	○			○	○	2桁+2桁（くり上がり2回+十の位0）
	374+631	1005	○			○	○	3桁+3桁（くり上がり2回+千の位）
ひき算	43-5	38	○			○	○	2桁-1桁（くり下がり1回）
	35-27	8	○	2 /4	×	○	○	2桁-2桁（くり下がり1回+差が1桁）
	156-88	－	×			×	○	3桁-2桁（くり下がり2回）
	5004-8	－	×			×	○	4桁-3桁（くり下がり1回+空位2）
かけ算	16×3	48	○			○	○	乗数1桁、部分積が十の位にくり上がる
	38×6	228	○	2 /4	×	○	○	乗数1桁、部分積が百の位にくり上がる
	25×56	1687	×			×	×	乗数2桁、部分積の加算くり上がり1回
	89×27	2492	×			×	×	乗数2桁、部分積の加算くり上がり2回
わり算	84÷4	21	○			○	○	十の位に商
	244÷6	－	×	2 /4	×	×	○	商に0が立つ、あまりあり
	117÷13	9	○			○	○	2桁でわる、商が1桁
	1748÷46	－	×			×	×	商の立て直し

➤ ※「手続き」とは、計算の途中で手が止まらず、正しく商が求められている場合に○とする。

記録用紙の記入・評価表への記入方法

① 子どもの回答をアに（無答の場合は「－」と記入）、回答の正誤をイに○×で記入します。
　○の数（正答数）をウに記入し、P50「評価表」のJに転記します。
② 全問正解で判定を○、各課題1問でも誤答があれば×としてエに記入し、P50「評価表」のKに転記します。
③ 判定が×であった場合、「手続き」および「位を揃える」ことができていたかを確認して「手続き」はオ、「位を揃える」はカに記入します。
④ キで、正答できていなかった問題のチェックポイントを確認し、P50「評価表」のLに記入します。

記録用紙の記入・評価表への転記方法　「文章題」　冊子「3-2-6」

　就学後の「文章題」は、「テスト用紙」を使って検査を実施後、「評価表【就学後】文章題のMの「テスト用紙」の欄に正答数を記入します。全問正解で判定を○、各課題1問でも誤答があれば×を、Nの欄に記入します。

　全問（5問）正解でない場合には、「個別問題用紙」を使って個別で検査を実施し、記録用紙（冊子の「3－2－6」）をコピーし、以下の記入例を参照して記入してください。

□記録用紙「文章題」

	かけ算・わり算	ア 回答	イ 正誤	正答数／全問数	エ 判定	オ 文章が音読できる	絵・図が描ける	立式できる	式を書いたら計算できる	正しい答え（単位もつける）が出せる
問1	ドーナツ（同数累計）	9こ	○			○	○	○	○	○
問2	鉛筆（倍）	－	×			○	×	×	×	×
問3	おせんべい（等分除）	6まい	○	2 /5	×	○	○	○	○	○
問4	チーズ（包含除）	4こ	×			○	○	○	○	×
問5	ベンチ（余り）	4だい	×			○	×	×	×	×
						5 /5	3 /5	3 /5	3 /5	2 /5 ← カ

ウ は「正答数／全問数」の列、オ は「文章が音読できる」〜「正しい答え（単位もつける）が出せる」の列。

記録用紙の記入・評価表への記入方法

「個別問題用紙」による検査時の子どもの様子を「記録用紙」に記入します。

① 子どもの回答をアに（無答の場合は「－」と記入）、回答の正誤をイに○×で記入します。
　○の数（正答数）をウに記入し、P50「評価表」のMに転記します。
② 全問正解で判定を○、各課題1問でも誤答があれば×としてエに記入します。
③ 判定が×であった場合、オの各項目が達成できていたかを確認して、○×を記入します。
④ オの各列の○の数を数え、カに記入し、P50「評価表」のOの該当欄に転記します。

本検査における課題の判定に関する用語解説

　ここでは、本検査の課題の判定で扱う能力の分類のうち、数の入力・記憶・出力・処理様式の部分について説明します。

■入力：聴覚（聞く）・視覚（見る）

　ここでいう「入力」とは、子どもに情報がどの感覚様式から入ってくるかということです。聴覚（聞く）は、例えば「ごじゅうに」などのように、子どもに数詞を提示する場合となります。

　また、視覚（見る）は、例えば17という数字が書かれたカードを見せるなど、子どもに数字を提示する場合となります。

■記憶：短期記憶・長期記憶

　記憶には大きく2種類あります。ここでは、各課題の答えを出すまで非常に短いものを「短期記憶」としています。

　短期記憶にはワーキングメモリも入ります。また、自分が覚えているものを「長期記憶」から検索したうえで答える場合もあります。例えば、子どもが検査者から、おはじきを「じゅうよん（14）個ください」と言われた場合には、「じゅうよん（14）」を子どもが頭におきながら、数えてその数のおはじきをすべて検査者に渡す（操作する）ということになります。

　また、数唱の課題、すなわち、いち、に、さん……と長く言う場合には、すでに覚えている数を順番どおりに言う必要があります。そのときには「長期記憶」を使います。

■出力：音声（言う）・運動（操作する）

　ここでいう「出力」とは、子どもに入ってきた情報に対してどのように反応するかということです。音声（言う）は、「ひゃくさんじゅうろく」などと数詞にして反応する場合となります。

　また、運動する（操作する）は、例えば「10個ください」のように手指を動かして反応するような場合です。

■処理様式

　情報が「入力」されて「出力」するまでに、「継次処理能力」と「同時処理能力」の2つのうちのどちらの処理が主になされるか、を表しています。

■継次処理能力と同時処理能力

　数詞でも数字でも具体物でも、数が大きくなったときの言い方や表記には、2つの能力が必要です。

　1つめは、「いち～きゅう」や「1～9」のように安定した系列化（Lexicalprocess）に関わる「継次処理能力」です。これにより、「いち、に、さん……きゅう」、「1、2、3……9」の正確な系列を覚えたり、数を順番として理解できたりします。2つめは、10を単位として桁という構造的な規則（Syntactic process）を理解し、例えば「10から見た50は、10から10の4倍の距離のところにある」などの数の相対関係の理解に関わる「同時処理能力」です。

　つまり、継次処理能力は、「1つずつの刺激を時間的・系列的に処理する能力」、同時処理能力は、「複数の刺激を同時に統合し処理する能力」のことです。

■分離量と連続量

　「分離量」というのは、おはじきやドットのように具体物が分離していて、「いち、に、さん……」などとそれらの個体を数えられるものです。そのすべての量は、「いち、に、さん……なな、だからなな個」というように、物を1つひとつ指で押さえて、それぞれの個体に数詞を対応させ、最後に言った数詞が、その総量を表すということで量を認識することです。

　しかし、具体物を数えて、数詞が言えたとしても、量を把握しているわけではないことが往々にしてあります。例えば、P26の「数概念③─数詞→連続性」の検査項目のように、子どもに長さの異なる紙片を2枚見せて、「どちらがさん（3）でどちらがご（5）だと思う？」などと尋ねると、ぽかんとしてしまうことがあります。このように目盛りも何もつけないで示したものが、「連続量」です。

　この連続量を把握するには、2つの数の相対的な量関係を理解していなければなりません。個数ではなく、長さや大きさのように分離できないものとして示したときに、その量がわかることが重要です。これは、就学前の生活経験の中で、徐々に把握できてくるものです。

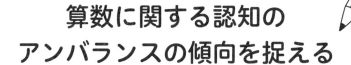

算数に関する認知の
アンバランスの傾向を捉える

　本検査を実施することにより、算数に関する大まかな認知のアンバランスの傾向を捉えることができます。

（1）数処理

　数詞は聴覚―音声系、数字は視覚認知、具体物は視覚―運動系という3つの要素が絡んでいます。また、それらに関連のある桁が大きくなった場合には、継次処理能力、同時処理能力（P59参照）というものが関係してきます。網かけの箇所以外に判定を〇×で大まかに入れた場合に、どの列の能力に問題がありそうなのか、というところがおおよそ浮き出てくるでしょう。

（2）数概念

　順序が理解できる序数性と基数に対しての数の大きさが理解できる基数性については、数系列の穴埋め（序数性）、線描画課題（基数性）、数直線（基数性）で判断しています。

（3）計算

　暗算と筆算に大きく分けています。

①暗算

　集団実施の場合、暗算は正答数でみていきます。その後、支援ニーズがあると判断された子では、個別実施をしていきます。その際に、全体の時間を測定しながら、おおよそ1.5～2.0秒以上時間のかかっている問題番号をチェックし、どこから指導を始めたらよいかを検討します。

　本検査には、何百・何十の数の計算が入っていますが、これは大きな数を計算するのに、数を大きなまとまりとして見ることができるかどうかです。数をまとまりとして見ることができれば、いちいち筆算をせずに解けます。

②筆算

　集団実施で、すべてできる場合はよいのですが、すべてできていない場合には、個別実施で、どこでできなくなるのかの段階をチェックします。

（4）推論する

　ここでは文章題を取り上げています。集団実施ですべて正答がでる場合はよいのですが、すべてできない場合には、個別実施で、どこでできなくなるのかの段階をチェックします。統合過程やプランニング過程など、同一のところでつまずいている可能性があるので、そこをきちんと捉えることが必要です。

第4章

支援の方向性について知る・知らせる

支援の方向性について知る・知らせる

本検査で得られた評価をとおして、今までは「あれ？」「なんだろう？」「もしかして？」と漠然と感じていた子どものつまずきが、目で見える形になるでしょう。すると、子どもを支える方向性が見えてきます。

■就学前に、算数学習の基礎となる力を支える

就学前の子どもは、ゆっくりお風呂につかって一緒に数を唱えたり、かくれんぼをして鬼が数える声にドキドキしたり、活動を始める前の「３・２・１・スタート！！」という声かけにワクワクしたり……といった楽しい遊びや日常的な関わりの中で、数を獲得していきます。

数唱がまだできない、興味がなさそうといった、数をゆっくり獲得していく子どもには、周りの大人がより丁寧に、意識的に、数をイメージしたり活用したりできるよう支えていくことが大切です。

本検査によって、数処理、数詞、数概念、文章題（数を用いて考えること）という課題でどんなふうにつまずきがあるのかがわかったら、この章のP64から紹介しているような関わりを普段の生活の中に取り入れ、数に関する力を支えていってほしいです。

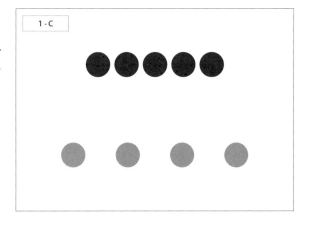

また、自閉スペクトラム症やADHDなどの発達障害の可能性が考えられる場合などには、それらと併せもつことも多い算数障害の可能性についても探っておくとよいでしょう。就学後に算数の学習でどんなつまずきが生じやすいと予想されるのか、P68から紹介しているA〜Hさんのタイプから推測し、就学相談などの際、小学校に伝えておくと、スムーズに支援を受けられる体制を整えやすいかもしれません。小学校入学後には担任の先生に見守ってもらえるようお願いしてほしいと思っています。そして、必要に応じて、通級による指導などにもつながることが望まれます。

■就学後は、その子の困難さに合わせて算数学習を支援する

　本検査では、数処理、数概念、暗算、筆算、文章題という課題でどんなふうにつまずきがあるのかを明らかにします。

　例えば、小学校のクラスで、筆算につまずいている子がいるなと感じて本検査をやってみたら、もっと多くの子どもたちにつまずきが見られたということもあるでしょう。また、筆算の前の段階（暗算→数概念→数処理）につまずいていることに気づいた場合には、前の段階に立ち戻って獲得させていくことが大切です。そうした逆行するかに思われる支援が、実は「何度も筆算をただ自力で解かせる」ことよりも、ずっと効果的であることを私たちは知っています。具体的な支援・指導内容については、拙著『通常学級で役立つ算数障害の理解と指導法』（熊谷恵子・山本ゆう、2018年、Gakken）を参考にしていただけると幸いです。

　また、学校全体や学級、学年ごとに検査を実施する場合、保護者や教職員への説明が必要となる場合もあるでしょう。本検査後に通級や特別支援学級などで個別の支援を始めるような場合にも、保護者やお子さん本人、通常学級、療育機関などとの連携が必要となります。

　その際、算数障害や算数を学習するうえでの困難にはどのようなものがあるのか、また、それはお子さんのどのような姿につながっているのかなどについて、説明したり情報共有したりすることを求められる場合もあるでしょう。P68からの内容を参考にしていただけたらと思います。

　本検査を終えていただいたら、その評価を生かし、みんなの中で、あるいは個別の場で、すぐにでも支援や指導が開始されることを願っています。

---

2 - G - 1

① $1 + 1 =$

② $9 + 1 =$

③ $2 + 1 =$

④ $3 + 2 =$

⑤ $7 + 1 =$

⑥ $5 + 3 =$

⑦ $3 + 7 =$

⑧ $4 + 2 =$

⑨ $2 + 7 =$

⑩ $7 + 3 =$

就学前の状態と課題

　幼児期の子どもは、生活の中で数を唱える、数えるという経験をとおして、数に関するレディネス（準備の力）をつけていきます。そのとき、例えば、「みかん2つもらったからうれしい」、「弟にみかん1つ取られたから悲しい」など、数が多いとどうなのか、少ないとどうなのか、それが自分にとってどのような意味をもつものなのか、感情と結びつけていくことが数を理解するうえで大切です。これらは、やがて、数の大きさ（数量）の感覚につながっていきます。

　ここでは、幼児期に、数詞、数字、具体物の対応づけ（P7「1.数処理」を参照）をするため、どのような活動をしたらよいのか、プリントの例とともに紹介します。プリントは冊子にも収録されています（検査用紙ではありません）。

1. 数唱

　まず、生活の中で「数詞」が正しい順序で言えるようになることが重要です。でも無理はしないで、ほかの子と比較もしないで、その子の進歩をほめてください。

　「数詞」の習得で大切なことは、「10数えるってかんたんなんだけど、100数えるってたいへんだ！」、「10までならばすぐ終わるけど、100までだとたくさん時間がかかる」などと、本人の感情や感覚と対応づけて、唱えることです。

　「お風呂で温まるときに数を数える、カップ麺ができるまで数を唱える、誰かが来るまでどれくらいかかるか数える」など、生活の中で数を数えてみるとよいでしょう。

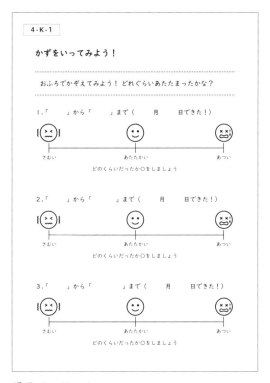

冊子 4-K-1

2. 計数（数詞と具体物）

　「数詞」がある程度正確に言えるようになったら、「数詞」を使って物を数える（計数する）ということをやってみましょう。正しい順序で言える「数詞」の範囲内で数えてみればよく、就学前でしたら、1～20程度までで十分です。10までの数詞の順序は正しく言え、物を数えられるといいですね。

　また、数えたものと数えていないものを自分で区別できるように工夫しているか、例えば、数えるときに、具体物を一列に並べるなど、工夫できるようになることも大切です。

　さらに、「みかん」「りんご」など、限定して数えられるかどうかも重要です。「丸いもの」「白くて丸いもの」のようにすると、課題がより難しくなります。

4-K-2

かぞえてみよう！

　おうちのなかにあるものをかぞえてみよう！

（子どもはこれらの文字が読めなくても、数字を書けなくてもいいのです。大人の方が読んであげて、子どもが正しく数が言えたら数字を書き入れてください。）

1. コップをかぞえてみよう！

　■　とうめいなもの：（　　　　　）

　■　もつところのあるもの（マグカップ）：（　　　　　）

　■　われないもの（プラスチック）：（　　　　　）

2. おさらをかぞえてみよう！

　■　しろいもの：（　　　　　）

　■　まるいもの：（　　　　　）

　■　しかくいもの：（　　　　　）

　■　ふかいもの：（　　　　　）

冊子 4-K-2

┌─────── さまざまな数詞 ───────┐

　「いち、に、さん、し、ご、ろく、しち、はち、きゅう、じゅう」だけが数詞というわけではありません。「いち」ではなく「いっこ」、「に」ではなく「ふたつ」、「し」ではなく「よん」、「しち」ではなく「なな」、「はち」ではなく「やっつ」、「きゅう」ではなく「く」など、さまざまな言い方があります。これらについては、同じ具体物に対して、異なる言い方があるということで、常に具体物とマッチングさせることで解決することが必要です。そのためにも、日常生活上、具体物を数える経験というのはとても重要になってきます。

3．計数した具体物が何個か言える

　聴覚的に習得した数詞を言いながら、指をさして具体物を数える（計数する）と、具体物の数（集合数）が最後に言った数で数詞で表されます。このことを理解するには、「みかん、何個あるの？」と聞かれて、「イチ、ニ、サン、だからサン個」と答えることを経験することが大切です。はじめのうちは、言い方のルールとして知り、その後、集合数を表していることを理解していきます。

　ここでも、「たくさん数えるためには並べると便利」のように物の配置を空間的に変えたり、「たくさん数えることは時間がかかる」「時間がかかると疲れる」というように時間感覚を感情などに結びつけられるようにしたりするとよいでしょう。

冊子 4－K－3

4．集合を数字で表す

　数字は、時計の数字など、生活の中で見る経験ができるものですが、就学前の子どもにとっては、その形を覚えるのは大変なことなのです。数えたものがいくつなのか、数字で書く必要はまだありませんので、手元にある数字のカードや数字のシールを選んで貼ってみるなどの活動をしてみると、よいでしょう。なるべく生活の中で自然な形でやることがポイントです。

冊子 4－K－4

5. かずを くらべてみよう！

　クッキーが２個と３個、みかんが４個と３個、ケーキが１個と２個などのように、いろいろな物で数を比べて、どちらが自分にとってどういう意味があるのか話してみましょう。そのとき、それぞれの物を区別しやすくするため、お皿など縁のあるもので空間を区切る、また線で囲んで見せるなど工夫するとよいです。

　ここで大切なことは、「どちらが、自分にとってうれしいことなのか」「どちらが自分にとってよいことなのか」など、自分にとってどのように意味があるのかを考えることです。例えば、お皿の上のクッキーを見て、「たくさんほしいから」と思ったかもしれません。また、「うちはパパ、ママ、私、３人家族だから」と思ったかもしれません。意味を考えることが大切です。

冊子 ４-K-５

数処理の困難

Aくんの場合

- 3と言いながら、5本の指を出している。
- ものをよく数え間違えている。
- 「ひゃくいち」と言われたものを、1001と書く。
- 4501を読めない、また「よん…ごじゅういち」などと読む。

就学後の支援

数えることを失敗するAくん

「リンゴがいくつあるか数えて数字で書きましょう」という課題で、間違ってしまったAくん。

もう一度考えるように指示して、様子を見ていると、「いち、に、さん……ご……なな」と言いながら、数え飛ばしたり、同じリンゴを2回数えたりして、正しく数えられていないことがわかりました。

Aくんはまず、数詞の系列を正しく唱えること（数唱）ができていません。また、唱えている数詞にリンゴのイラストを一対一対応させることもうまくできません。

このようにAくんは、数えるという行為に失敗していることにより、数字と数詞と具体物を対応させることもできず、【数処理】の段階でつまずきが起きてしまっています。

また、大きな数の【数処理】につまずく子がいます。「さんじゅういち」と聞いて「301」と書いてしまったり、桁の大きい数字を読めなかったり、漢数字で書けなかったりすることがあります。このような子どもは、数字の表記方法である十進位取りによる記数法が理解できていないことが考えられます。

✓ Check

このような子どものつまずきの背景には、認知的な困難があると考えられます。まず、聴覚的な記憶力や継次処理能力に困難があるために、数詞の系列を正確に覚えることができていないことが考えられます。また、目と手の協応や視覚的な短期記憶力が弱いために、数えたリンゴがどれだったか覚えていられないのかもしれません。さらに、不注意の問題があることも考えられます。

支援のPOINT 数詞、数字、具体物の対応関係を理解させる。

【参考書籍】『特別支援教育で役立つ たし算・ひき算の計算ドリル』熊谷恵子・山本ゆう著、2020年、Gakken

計算することの困難 – 暗算

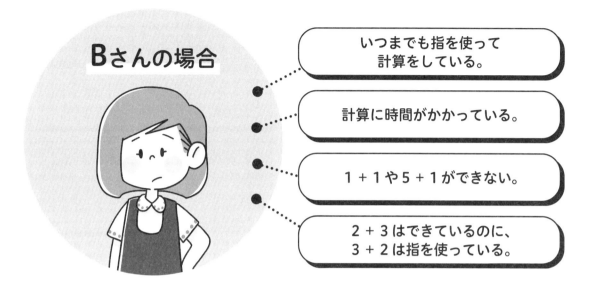

Bさんの場合

いつまでも指を使って
計算をしている。

計算に時間がかかっている。

1 + 1や5 + 1ができない。

2 + 3はできているのに、
3 + 2は指を使っている。

小さい数の計算が苦手なBさん

　4年生のBさんが計算プリントを解いているときに、鉛筆を置き、机の下で何かして、また鉛筆を持って、ということを何度も繰り返しています。様子を見ていると、指を使ってたし算をしていることがわかりました。プリントはかけ算の筆算の問題でしたが、同じようにBさんは、わり算の筆算の問題を解いているときにも、ひき算に指を使っていました。

　このように、筆算やかけ算やわり算の学習に進んでいても、1年生で学習した和が20以下のたし算やひき算につまずいている子どもがいます。Bさんは、1年生のころから指を使って計算をしていましたが、そのときは教師や親も「いつか指を使わないでできるようになるだろう」と思ってしまい、適切な支援が受けられないままになってきていました。また、指を使って計算していても、結果的には正解するので、プリントやテストなどでもその困難は気づかれなかったのです。

✔ Check

　このような子どもは、【計算する】ことの発達段階のうち、具体物に依存して数えたす・数えひくという方略の段階にあると考えられます。子どもは次第に計算の式と答えのパターンを数的事実として記憶し、式を見ると答えが記憶の中から素早く出てくるという自動化の段階に進みますが、その段階に移行する年齢は、個人差が大きく、Bさんのような子どもを1年生などの小さな学年のうちに見つけることは難しいのです。しかし、よく観察してみると、「1＋1」の小さい数の計算や「〇＋1」のような簡単な計算にも指を使っているという特徴があります。

支援の
POINT

指など体の感覚を使って、20までの数を理解させる。

【参考書籍】『特別支援教育で役立つ たし算・ひき算の計算ドリル』熊谷恵子・山本ゆう著、2020年、Gakken

計算することの困難 − 筆算①

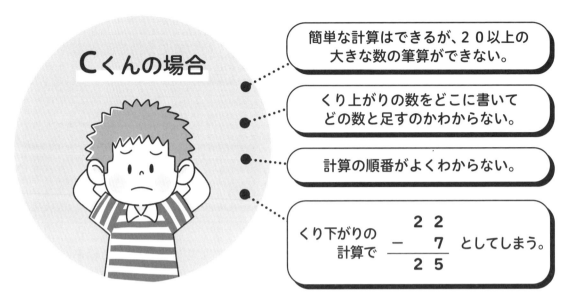

Cくんの場合

- 簡単な計算はできるが、２０以上の大きな数の筆算ができない。
- くり上がりの数をどこに書いてどの数と足すのかわからない。
- 計算の順番がよくわからない。
- くり下がりの計算で $\begin{array}{r} 2\ 2 \\ -\ \ \ \ 7 \\ \hline 2\ 5 \end{array}$ としてしまう。

就学後の支援

筆算の手続きが覚えられないCくん

　６年生のCくんは、宿題プリントやテストでいつも計算間違いをしています。正解している問題もあるので、筆算の方法を理解していないことはないと考えられますが、ただのケアレスミスにしては頻度が高すぎると感じられます。そこで、計算している様子をよく観察してみると、くり上がりの数字を書き忘れたり、たし忘れたりしています。また、途中で何かを思い出したように計算を戻ったり、同じ計算を何度もするためくり返し数字を鉛筆でたたいたりしている様子がありました。

　かけ算の筆算の場合、１０の位の計算から左へ１マスずらすことの意味など、一度は授業で学習をしますが、多くの子どもはその意味をあまり意識しないで、ただ手続きどおりに順番に計算して答えを求めています。しかし、筆算のためのいくつかの手続きを、順番に正確に行うということが困難な子どもがいます。

✔ Check

　Cくんのような子どもは、継次処理能力が弱いため手続きが覚えられないことが考えられます。

　また、ワーキングメモリの弱さのために、頭の中に数を保持しながら筆算の手続きを行うことに問題があるのかもしれません。このワーキングメモリへの負荷は、前述のBさんのように加減算が自動化していない場合にはよりいっそう大変になります。

支援の POINT ▶ 計算の手続き表を作成し、やり方を確認できるようにする。

【参考書籍】『特別支援教育で役立つ かけ算・わり算の計算と文章題のドリル』熊谷恵子・山本ゆう著、2021年、Gakken

計算することの困難 - 筆算②

D くんの場合

- 数字を書く桁がずれてしまう。
- 筆算で百の位に合わせて十の位を書いてしまう。
- 計算をしている計算用紙やノートがぐちゃぐちゃ。
- 計算用紙でもうすでに書いてある式に重ねて計算をしている。

暗算は得意だが筆算は失敗してしまうDくん

　3年生の D くんは暗算が得意です。大きな数の計算も簡単に暗算できます。しかし、テストやプリントで筆算の途中式を書くと、とたんに失敗ばかりしてしまいます。D くんが書いたプリントを見ると、位取りの位置がずれていたり、くり上がりの数やくり下がりで減った数の数字がごちゃごちゃになっていたりなど、どの数字を計算してよいのか混乱してしまっています（図Ⅰ）。

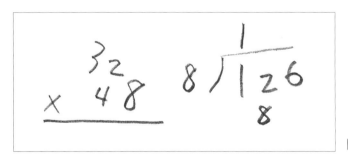

図Ⅰ

 Check

　D くんのような子どもは空間の中の位置関係を把握する空間認知能力や同時処理能力が弱いことや、目と手の協応の悪さまたは不器用さ（発達性協調運動障害）などのいずれかが原因になっていることが考えられます。

 支援のPOINT　マス目のある用紙を用意し、数字の位置関係と位取りを意識させる。

【参考書籍】『特別支援教育で役立つ かけ算・わり算の計算と文章題のドリル』熊谷恵子・山本ゆう著、2021 年、Gakken

数概念の困難 − 序数性が理解できない

Eさんの場合

1桁の順序はわかるが
2桁以上の数の読み方が苦手。

41と14の順序の違いが
わからなくなってしまう。

正確な数字で表現できないEさん

　Eさんは、「20個のアメ玉を同じ数ずつ3人で分けてね！」と言われると、数えずに一気に3等分ぐらいにしてそれぞれのかたまりを3人に渡しました。3人に分けられたアメは、7個、6個、7個でした。個数の差には気づきません。6個もらった子どもに「ぼくのは1つ足りないよ」と言われ、1つだけ移動させましたが、うまくいかないので「別にいいじゃない、同じだよ」と言いました。

　このようなEさんは（図2）のような課題は得意です。

　しかし、計算すると　2＋3＝6、7−3＝3というように正確にはできません。数を足したり、数を引いたりすることも難しいことがあります。

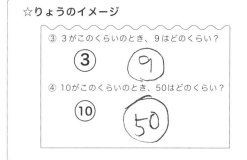

☆りょうのイメージ

③ 3がこのくらいのとき、9はどのくらい？
③ ⑨

④ 10がこのくらいのとき、50はどのくらい？
⑩ 50

図2

✔ Check

　Eさんは大まかには分配できているため、【数の概念】のうち、量としての数の理解（基数性）はよく理解できていると考えられます。しかし、数を正確に操作することはできないのです。

支援の POINT　数が系列であって、順序を表していることを理解させる。

【参考書籍】『特別支援教育で役立つ たし算・ひき算の文章題ドリル』熊谷恵子・山本ゆう著、2020年、Gakken

数概念の困難 – 基数性が理解できない

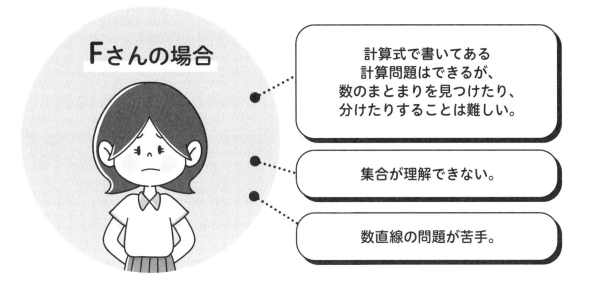

Fさんの場合

計算式で書いてある
計算問題はできるが、
数のまとまりを見つけたり、
分けたりすることは難しい。

集合が理解できない。

数直線の問題が苦手。

およその量がわからないFさん

　Fさんは、数字を書くことも数えることも、計算することも問題ありません。しかし、「教室の端から端まで何歩ぐらいで行ける？」と聞いてみると、「100歩！」など、全く見当違いの答えが返ってきます。

　線分図を書いても、線分のどの辺りに指示された数がくるのかわかりません。また、数直線では、例えば 100 と 200 の間に目盛りが 4 個あると、その目盛りを数えて、180 の場所の目盛りを 104 としてしまいます。

✔ Check

　このような F さんは、機械的な手続きに従って行う計算には、一見問題はありません。しかし、数が大きくなると、2 倍、3 倍と数が増えることをイメージしたり、およその数の見当をつけたりすることが難しくなります。例えば「5 × 100」のような計算も筆算しなければわからないということが起こります。また、わり算の筆算では見当を立てることが難しかったり、わり算の「量と割合」の単元でつまずきが現れます。

 支援の POINT ▶ 数が量を表していることを体験的に理解させる。

【参考書籍】『特別支援教育で役立つ たし算・ひき算の文章題ドリル』熊谷恵子・山本ゆう著、2020年、Gakken

文章題の困難 – 統合過程が苦手

G くんの場合

- 文章題の場面と数のイメージがつながらない。
- 文章題に出てくる数の関係のイメージがわからない。
- 「１袋５つ入りのアメを３袋買いました。アメは全部でいくつになりましたか。」という問題で「１＋５＋３」という式を書く。

就学後の支援

問題文の出来事がイメージできないGくん

　１年生のＧくんは、「ずをつかってかんがえる」の単元で、問題文に合った図や絵を描くことができずにかたまってしまっています。また、計算は得意なのに、文章題になるとつまずいてしまいます。

　支援をしようとして「はじめにあった数はいくつ？」「そこから増えたの？　減ったの？」などの質問をすると、ますますＧくんは考え込んでしまいます。

　学年が上がれば、線分図などがわからなくなると予想されます。

✔Check

　このようなＧくんは、文章題を理解する過程のうち【統合過程】に困難があると考えられます。これは、文章題を読んで、文章から場面をイメージ化（表象化）することの困難です。

　Ｇくんは、字が読めないわけでも言葉がわからないわけでもありません。国語と同じく、言葉や文章の読解力も大きく関わってきますが、算数の統合過程には数量の変化も合わせて視覚化（イメージ化）して理解していくことが求められます。

　文章題につまずく子どもでも、そのつまずいている過程が違えば指導の方法も違ってきます。文章題のつまずきは、１年生のころから顕著な子どももいますが、当然、学年が上がり、文章題の構造が複雑になったり、数が大きくなったりすることでより困難さは大きくなります。

支援のPOINT

文章題の場面を分け、絵を描いてイメージできるようにする。

【参考書籍】『特別支援教育で役立つ たし算・ひき算の文章題ドリル』熊谷恵子・山本ゆう著、2020 年、Gakken

文章題の困難 – プランニング過程が苦手

Hくんの場合

何を求めるかがわかっても、
求める答えを出す式が
立てられない。

立式に必要な数と
不必要な数がわからない。

数の変化と式が結びつかない。

何算かわからないHくん

　Hくんは、「公園にすずめが3羽いました。そこへ2羽とんできました。すずめは全部で何羽になりましたか。」という文章題を読んで、上手にブロックを操作できます。

　しかし、「では、何算になりますか?」と聞かれると、式を立てることができません。さらに、「もとの数は?」と言われると、Hくんは手元のブロックを見て「5?」と言いました。

　また、「公園で子どもが遊んでいました。7人帰ったので5人になりました。はじめに子どもは何人いましたか。」という問題では、「7－5」という式をつくってしまいます。

✔ Check

　Hくんは【プランニング過程】という部分が苦手です。【プランニング過程】とは、文章題で提示された状況を整理し、どの数でどんな順序でどんな計算を行えばよいのか検討し、決定する過程です。

　Hくんは問題文を読み、場面をイメージすることはできます。また、1つひとつの「減る」「増える」などの変化も理解できます。

　しかし、立式するためには、さらに問題場面全体の数量関係を捉えることが必要です。また、部分と部分から全体を求めるときには加算を行うなどの理解と、どの数を用いてどの演算記号で立式するかという判断が必要です。このような子どもは、逆方向での思考が必要な問題や割合の理解がとても困難になります。

支援の
POINT

数がやりとりされる様子を見て、
数と演算子で表すための関係性を理解させる。

【参考書籍】『特別支援教育で役立つ たし算・ひき算の文章題ドリル』熊谷恵子・山本ゆう著、2020年、Gakken

算数障害とは

　算数障害は、学習障害の「聞く」「話す」「読む」「書く」「計算する」「推論する」という領域の中で、「計算する」「推論する」に困難がある者に当たる。

　算数・数学の領域では、まず数詞・数字・具体物の対応関係（数処理）が習得され、これらの対応関係が成立して、序数性と基数性という数概念が習得される。そして、数というものの理解があってこそ、数と数との操作という計算が習得される。そして、計算ができると、さまざまな数の変化や操作を推論すること（文章題）ができるようになってくる。

算数障害の４つの領域

1. 数処理

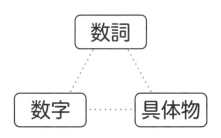

　「数処理」は、数詞、数字、具体物の対応関係の問題である。数詞は聴覚的シンボルであり、数字は視覚的シンボルであり、具体物は視覚的で操作可能なものである。主に使う感覚様式が異なるために、能力のアンバランスがどのようにあるのか、これらの対応関係がどこまでどのように成立しているのかを精査する必要がある。この段階はほかのすべてのものに先だって形成されなければいけないものである。

2. 数概念

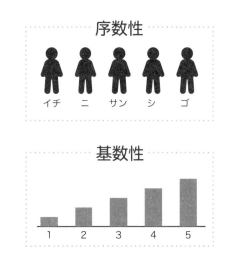

　「数概念」は、数処理の段階とは異なり、単なる対応関係ではなく、数における性質を理解することである。数には序数性（順番を表す）と基数性（量を表す）という２つの側面があることを理解できる段階である。能力のアンバランスがある子どもは、いずれかがうまく習得されない場合がある。

　数処理という数詞、数字、具体物の対応関係ができれば、「数概念」は、自ずと習得されるものでもない。また、ドットなどの「分離量」を計数できること（継次処理能力と関連）と量的な「連続量」を理解できること（同時処理能力と関連）とは異なる。

3. 計算（暗算・筆算）

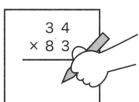

　計算については、暗算と筆算に分けて考える。
　「暗算」とは、加減算で和が２０までの計算、乗除算で九九までの範囲の計算、「筆算」とは、それ以上の数の計算となる。暗算ができるようになるためには、５や１０の合成分解ができるようにならなければならない。そのときに、具体物から半具体物、半具体物から数（シンボル）という過程をたどって数というものを発達させているかどうかを考える必要がある。
　筆算には、くり上がりくり下がりの手続きの問題（継次処理能力と関連）と多数桁の数字の空間的な配置とその意味が理解される（同時処理能力と関連）必要がある。

4. 数的推論（文章題）

統合過程

　数的推論（文章題）では、統合過程（言語から視覚的イメージへの変換）とプランニング過程（立式）という２つの過程が非常に重要になる。
　前提として、文章題を読めるかどうか、文章として理解できるかどうか（読み書き障害ではないことを）確認しなければならない。

プランニング過程

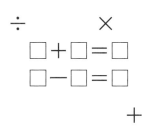

おわりに

　算数に困難さのある子どもたちの要因は、さまざまあります。算数障害とは、算数が困難な子どものほんの一部の人たちです。タイトルには算数障害スクリーニング検査とありますが、算数障害だけではない算数の困難さのある子どもも、一人ひとりの特徴が理解できるのではないかと思います。検査の中では、数や計算、文章題課題などの子どもの反応をみます。それらから、本人の中の能力の強弱などを理解し、そのようなタイプの子どもの支援や指導までつなげられるようにしたつもりです。

　検査の実施がわかりやすく、実施するための手続きが簡便であるか、つけやすい記録用紙となっているか、つけやすい評価表となっているか、産みの苦しみでさんざん悩みながら、これまで私たちが取ってきたデータをとりまとめ、それを使って有効に評価できるようにしたつもりです。塚原以知子氏、田部井広旗氏にも、データ収集にご協力いただきました。ぜひとも、指導する側の大人が、子どもの特徴を理解できるツールとなっていてほしいと願っています。

　　　　　2023年1月　熊谷恵子・山本ゆう

┌─ **参考文献** ─────────────────────────

●熊谷恵子(2000a)学習障害児の算数困難.多賀出版
●熊谷恵子(2007)学習障害児の数量概念の理解度を測定する手法についての基礎研究.LD研究,16,3,312-322
●山本ゆう,安藤瑞穂,熊谷恵子(2022)加減算習得の学年推移と計算に困難のある子どもの特徴.LD研究,31,2,135-155
●塚原以知子,熊谷恵子(2019)幼児期の数発達の検討(筑波大学卒業研究)
●田部井広旗(2015)計算に困難のある子どものスクリーニングの試みに関する研究～乗除残の正答率と反応時間に焦点を当てて～(筑波大学人間総合科学研究科修士(障害科学)論文)
●Starkey, G. S. & McCandliss, B. D.(2021)A probabilistic approach for quantifying children's subitizing span. Journal of Experimental Child Psychology, 207, 105118, 1-9.

〈 著者プロフィール 〉

熊谷恵子

筑波大学人間系教授。博士(教育学)。東京出身。九州大学理学部化学科卒業、理系の仕事を経て、筑波大学大学院修士課程教育研究科障害児教育専攻修了、筑波大学大学院博士課程心身障害学研究科単位取得退学、その後、筑波大学助手、講師、助教授、準教授を経て現職。言語聴覚士、臨床心理士、特別支援教育士スーパーバイザー。発達障害のある人の支援に関わる研究を専門としている。

山本ゆう

松本大学教育学部学校教育学科専任講師。筑波大学大学院人間総合科学研究科障害科学専攻博士後期課程在籍。修士(特別支援教育学)(筑波大学)、修士(教育学)(兵庫教育大学)。臨床発達心理士公認心理師。小学校教員経験、医療機関や教育委員会での心理士としての職歴を経て、現在に至る。発達障害のある子どもの臨床に携わりながら研究を進めている。

算数障害スクリーニング検査

適切な学習指導は正確なアセスメントから

2023年1月25日　第1刷発行

著　　　者	熊谷恵子　山本ゆう	
発　行　人	土屋 徹	
編　集　人	滝口勝弘	
企 画 編 集	東郷美和	
編 集 協 力	藤村秀樹（ピース）	
装丁デザイン	藤崎知子（トライ スパイラル）	
本文デザイン	村井美緒（ピース）　長谷川歩（ピース）	
イ ラ ス ト	小林麻美	
発　行　所	株式会社Gakken	
	〒141-8416　東京都品川区西五反田2-11-8	
印　刷　所	株式会社広済堂ネクスト	

●この本に関する各種お問い合わせ先
本の内容については、下記サイトのお問い合わせフォームよりお願いします。
https://www.corp-gakken.co.jp/contact/
在庫については　Tel 03-6431-1250（販売部）
不良品（落丁、乱丁）については　Tel 0570-000577
　学研業務センター　〒354-0045 埼玉県入間郡三芳町上富279-1
上記以外のお問い合わせは　Tel 0570-056-710（学研グループ総合案内）

学研グループの書籍・雑誌についての新刊情報・詳細情報は、下記をご覧ください。
学研出版サイト　https://hon.gakken.jp/
学研のヒューマンケアブックス　http://gakken.jp/human-care/

算数障害スクリーニング検査
課題用紙・評価表・記録用紙

この冊子は、書籍本体から取り外し、
コピーをして使用します。

必要に応じて拡大・縮小してください。
課題用紙は、A4サイズでの使用を
前提としています。

就学前・就学後

検査用紙

5	10	
4	9	20
3	8	14
2	7	12
1	6	11

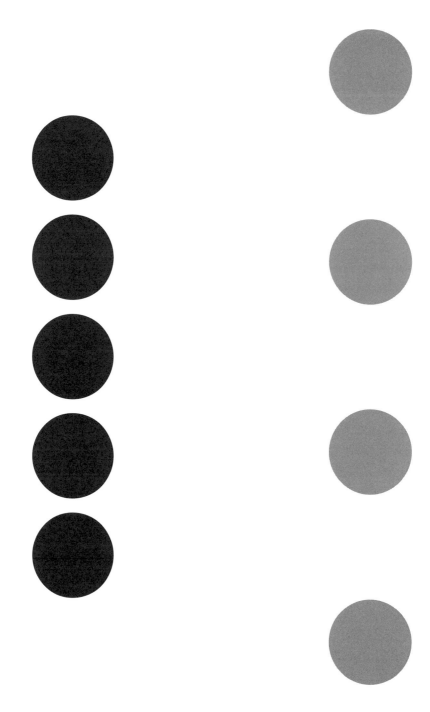

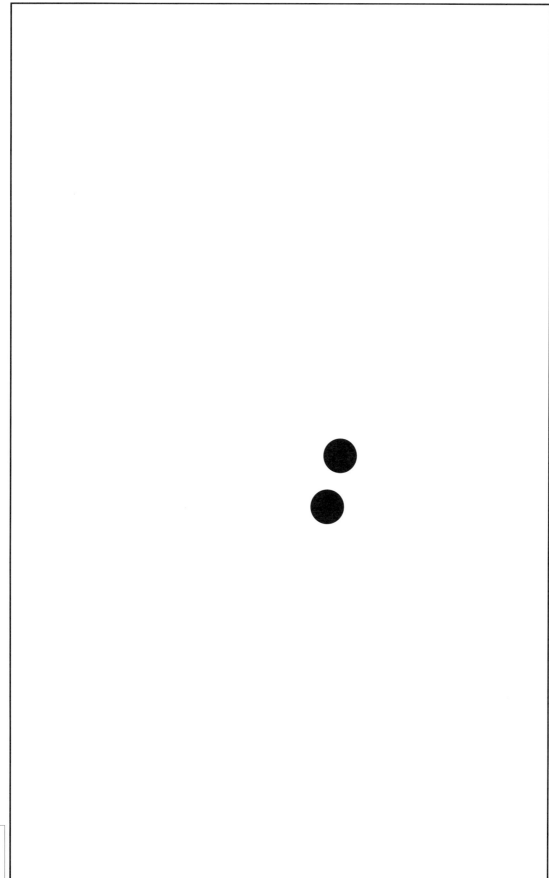

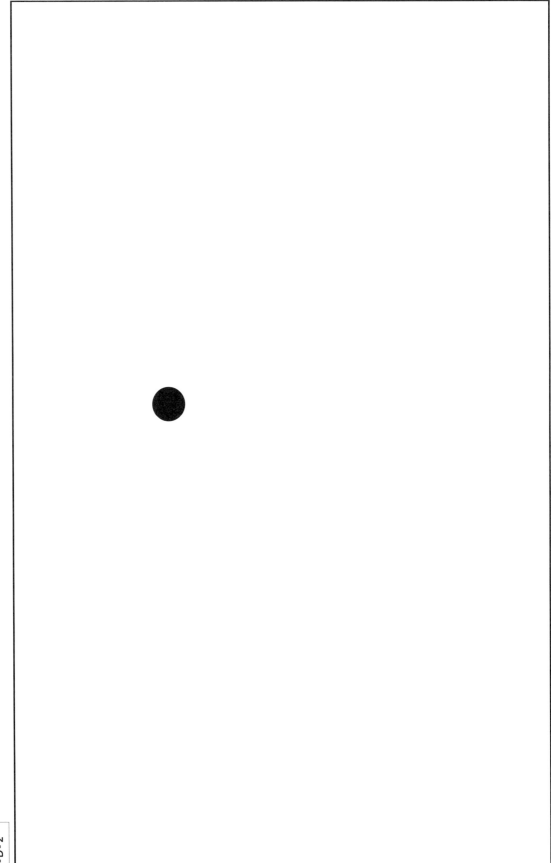

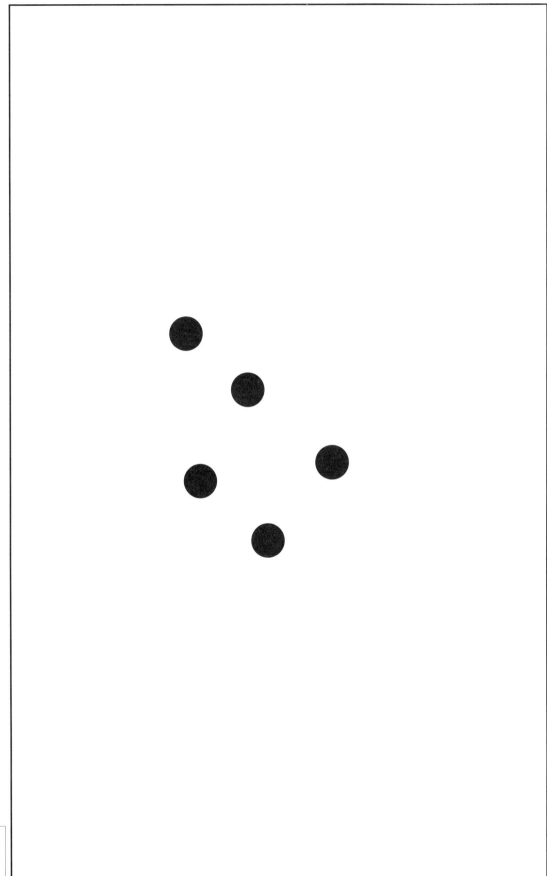

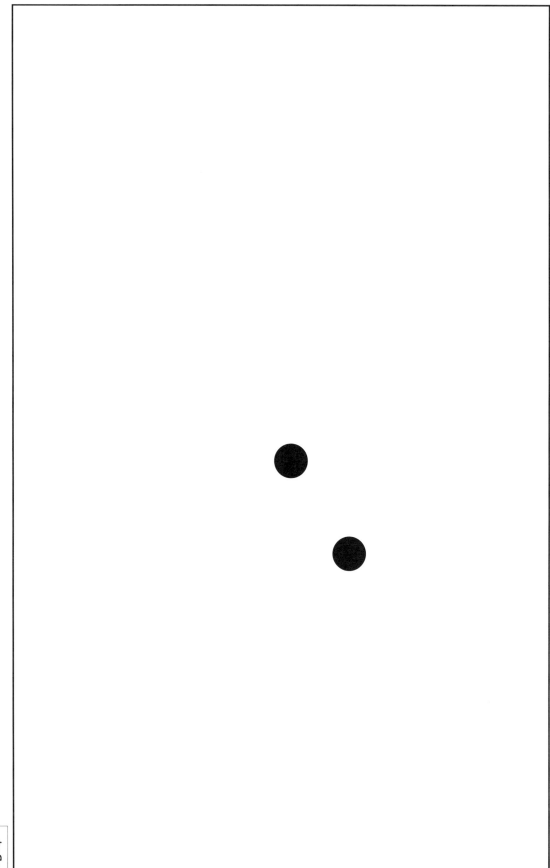

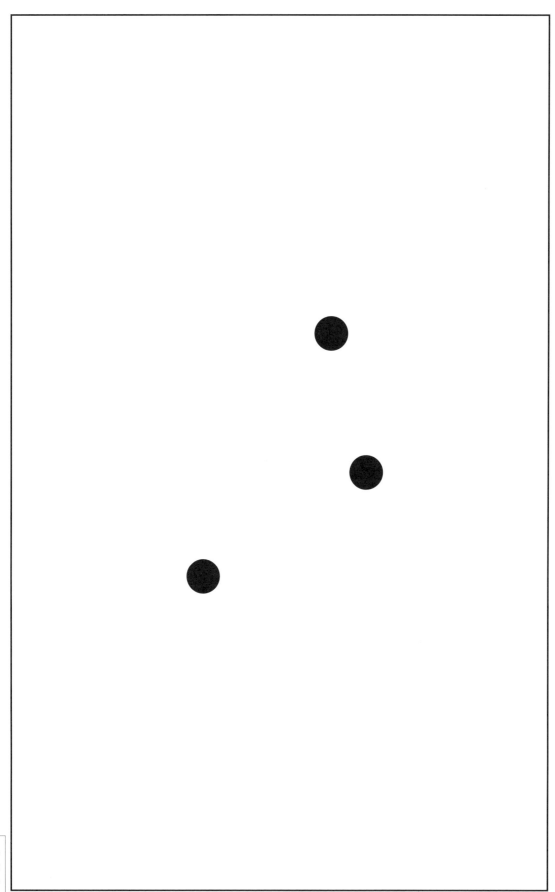

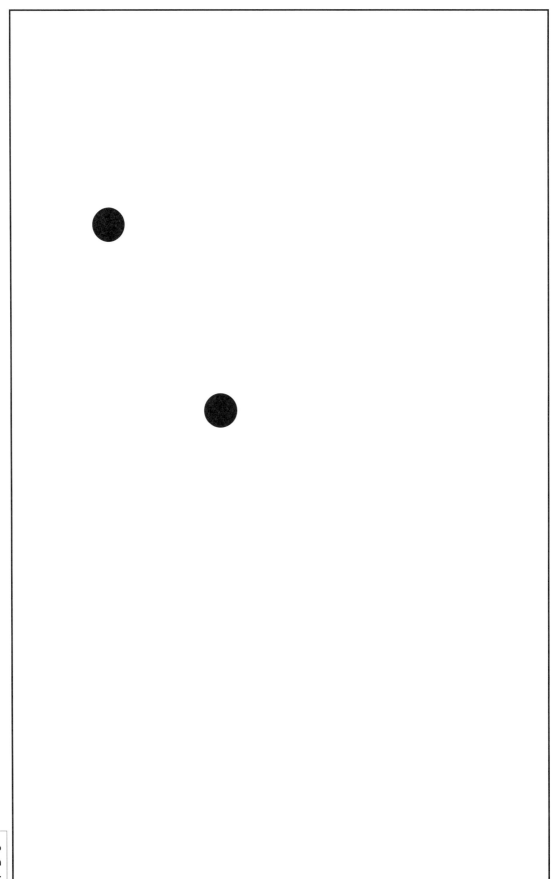

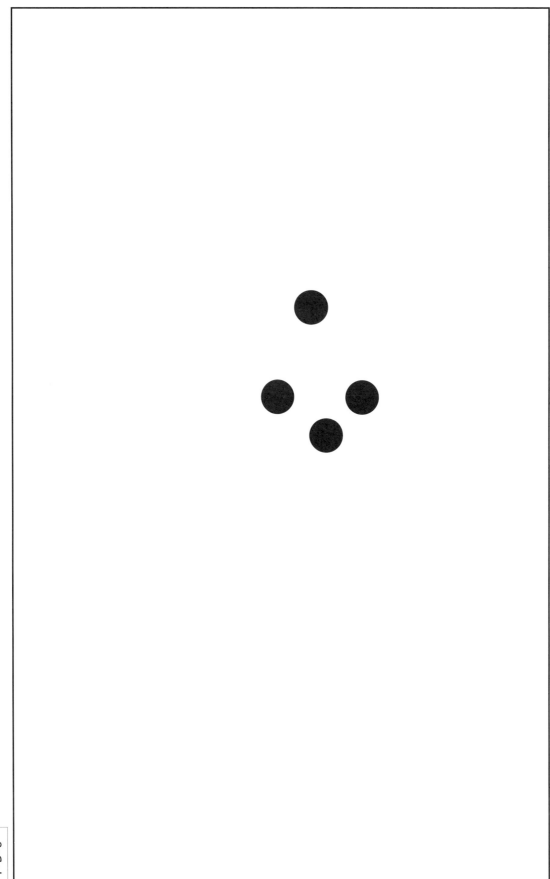

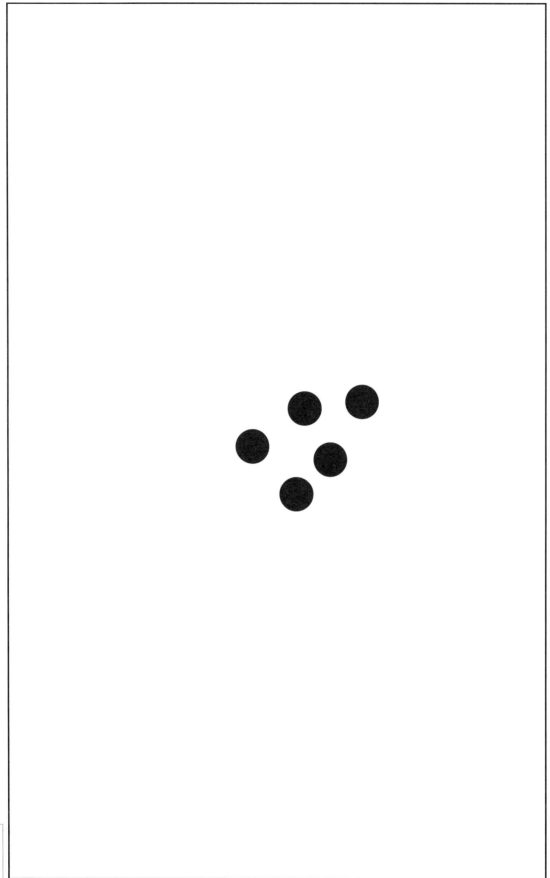

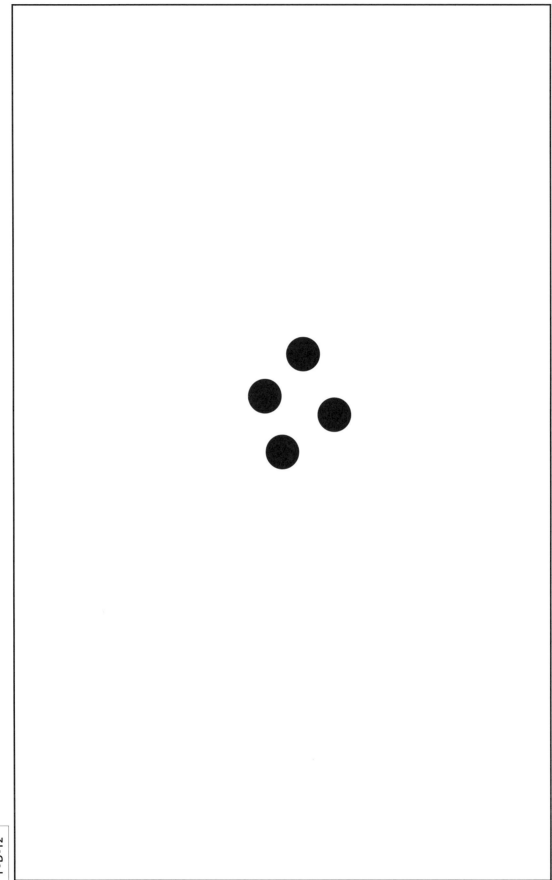

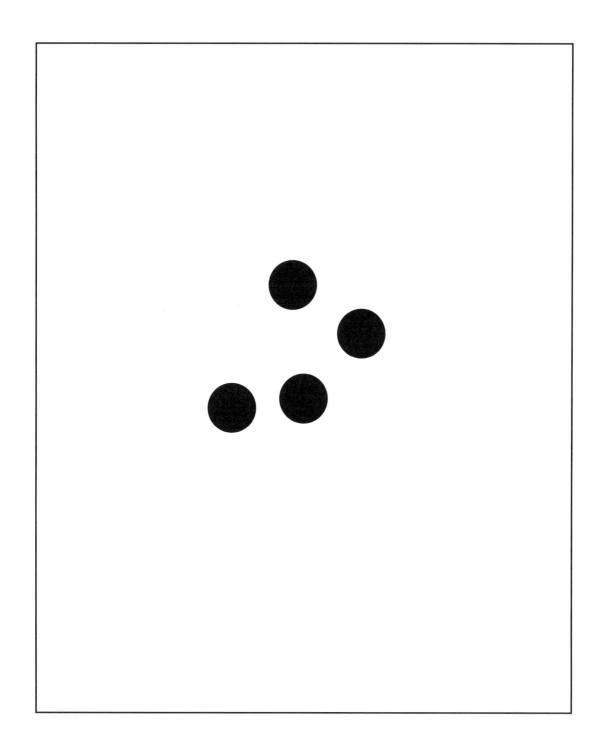

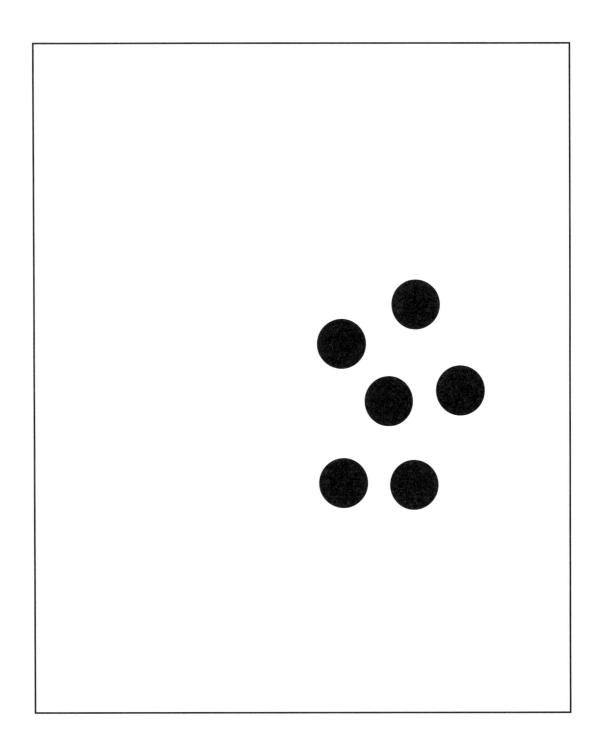

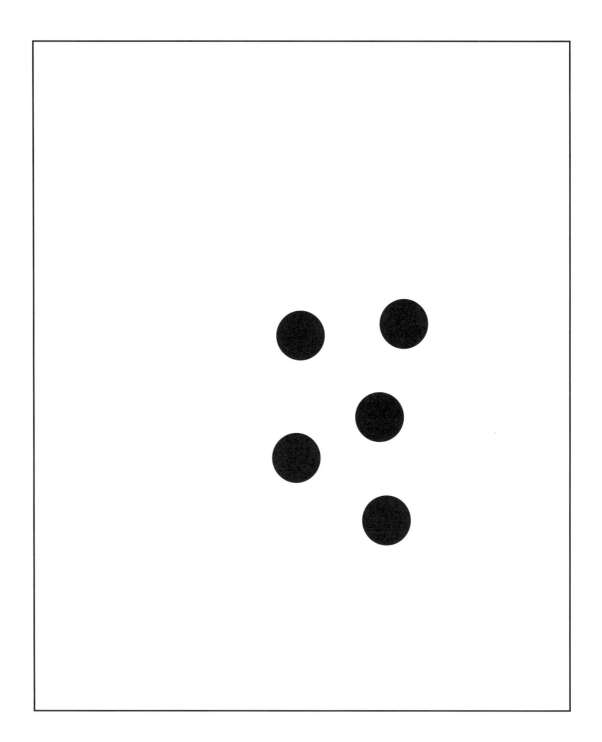

数処理③	48	102	317
数処理④	16	101	115
数処理⑤	15	50	51
	103	113	133
	115	150	151

数処理⑥

14	41	13
30	31	101
104	105	110

数処理⑧

4	8	24
8	150	50

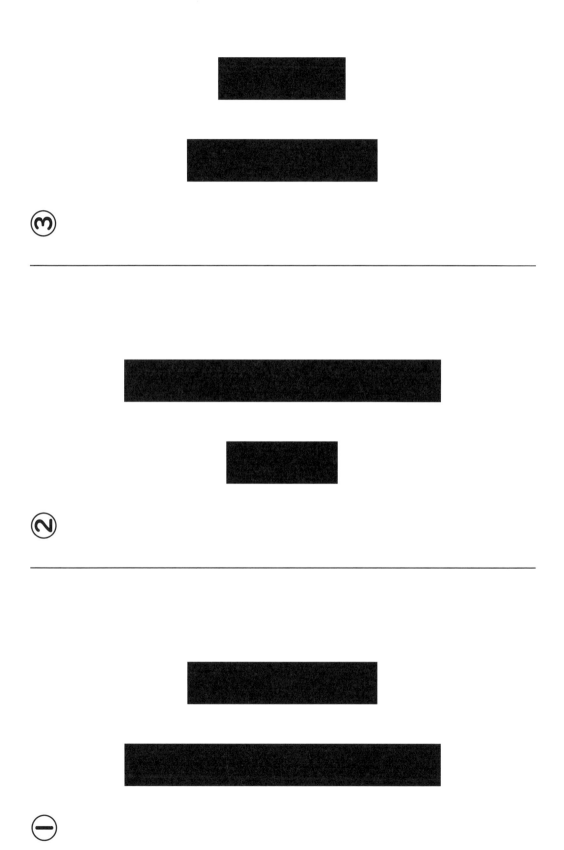

③

②

①

①

| 1 | 2 | | 4 | 5 | | 7 |

②

| 2 | 4 | 6 | | 10 | | 14 |

③

| 5 | | 15 | 20 | 25 | | 35 |

④

| 10 | 20 | | 40 | 50 | | 70 |

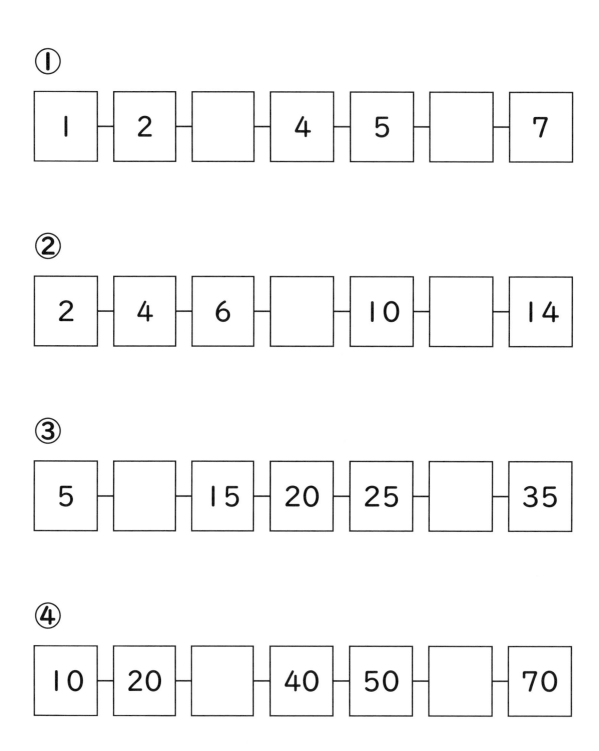

①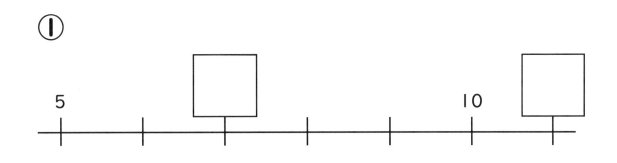

5   10

②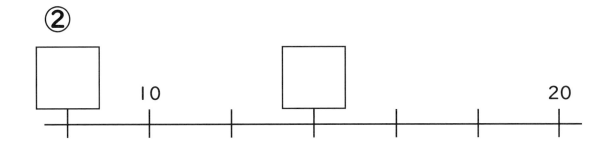

10   20

③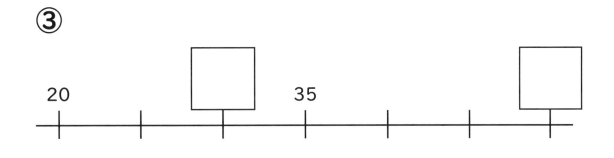

20   35

④

60   100

上の せんを 見ながら、せんを かいてみましょう。

①

1 ——————

3

②

5 ————————————

6

③

10 ——————————

14

④

15 ————————————————

8

⑤

20 ————————————————

10

上の せんを 見ながら、せんを かいてみましょう。

①

Ⅰ

3
　小1
　小2
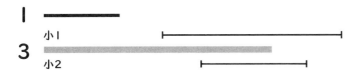

②

5

6
　小1
　小2

③

10

14
　小1
　小2

④

15

8
　小1
　小2

⑤

20

10
　小1
　小2
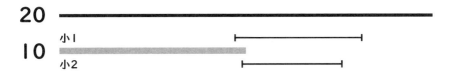

① $1 + 1 =$

② $9 + 1 =$

③ $2 + 1 =$

④ $3 + 2 =$

⑤ $7 + 1 =$

⑥ $5 + 3 =$

⑦ $3 + 7 =$

⑧ $4 + 2 =$

⑨ $2 + 7 =$

⑩ $7 + 3 =$

① $2 + 2 =$

② $1 + 7 =$

③ $5 + 5 =$

④ $1 + 4 =$

⑤ $5 + 2 =$

⑥ $8 + 2 =$

⑦ $4 + 4 =$

⑧ $6 + 2 =$

⑨ $3 + 6 =$

⑩ $3 + 4 =$

① 2 − 1 =

② 10 − 5 =

③ 3 − 2 =

④ 5 − 2 =

⑤ 10 − 3 =

⑥ 8 − 4 =

⑦ 7 − 5 =

⑧ 8 − 2 =

⑨ 9 − 5 =

⑩ 8 − 6 =

① $5 - 4 =$

② $9 - 1 =$

③ $4 - 3 =$

④ $8 - 1 =$

⑤ $9 - 2 =$

⑥ $10 - 4 =$

⑦ $6 - 2 =$

⑧ $5 - 3 =$

⑨ $7 - 3 =$

⑩ $9 - 4 =$

① $6 + 5 =$

② $9 + 5 =$

③ $3 + 9 =$

④ $9 + 4 =$

⑤ $7 + 7 =$

⑥ $6 + 9 =$

⑦ $5 + 8 =$

⑧ $6 + 7 =$

⑨ $8 + 6 =$

⑩ $7 + 6 =$

① $4 + 8 =$

② $2 + 9 =$

③ $9 + 9 =$

④ $6 + 6 =$

⑤ $8 + 5 =$

⑥ $8 + 9 =$

⑦ $7 + 4 =$

⑧ $4 + 9 =$

⑨ $7 + 8 =$

⑩ $3 + 8 =$

① $11 - 2 =$

② $14 - 8 =$

③ $18 - 9 =$

④ $13 - 5 =$

⑤ $17 - 8 =$

⑥ $14 - 9 =$

⑦ $15 - 7 =$

⑧ $13 - 6 =$

⑨ $14 - 6 =$

⑩ $11 - 9 =$

① $12 - 5 =$

② $11 - 5 =$

③ $13 - 4 =$

④ $12 - 6 =$

⑤ $12 - 4 =$

⑥ $14 - 5 =$

⑦ $11 - 8 =$

⑧ $16 - 8 =$

⑨ $14 - 7 =$

⑩ $16 - 7 =$

① $2 \times 3 =$

② $5 \times 5 =$

③ $2 \times 9 =$

④ $5 \times 3 =$

⑤ $7 \times 9 =$

⑥ $8 \times 8 =$

⑦ $7 \times 2 =$

⑧ $9 \times 4 =$

⑨ $8 \times 6 =$

⑩ $7 \times 3 =$

① $2 \times 2 =$

② $5 \times 6 =$

③ $2 \times 7 =$

④ $5 \times 8 =$

⑤ $4 \times 6 =$

⑥ $7 \times 5 =$

⑦ $6 \times 3 =$

⑧ $7 \times 4 =$

⑨ $6 \times 8 =$

⑩ $7 \times 6 =$

① $10 \div 2 =$

② $6 \div 3 =$

③ $18 \div 9 =$

④ $30 \div 5 =$

⑤ $24 \div 4 =$

⑥ $72 \div 8 =$

⑦ $42 \div 6 =$

⑧ $32 \div 8 =$

⑨ $28 \div 4 =$

⑩ $54 \div 6 =$

① $10 \div 5 =$

② $15 \div 3 =$

③ $12 \div 4 =$

④ $72 \div 9 =$

⑤ $35 \div 5 =$

⑥ $32 \div 4 =$

⑦ $27 \div 9 =$

⑧ $56 \div 8 =$

⑨ $28 \div 7 =$

⑩ $36 \div 4 =$

① $2 + 6 =$

② $7 + 8 =$

③ $4 + 6 =$

④ $9 + 7 =$

⑤ $6 + 8 =$

⑥ $7 + 6 =$

⑦ $8 + 9 =$

⑧ $6 + 4 =$

⑨ $2 + 3 =$

⑩ $8 + 6 =$

① $9 - 6 =$

② $13 - 8 =$

③ $16 - 9 =$

④ $9 - 3 =$

⑤ $12 - 6 =$

⑥ $14 - 6 =$

⑦ $9 - 7 =$

⑧ $12 - 9 =$

⑨ $8 - 3 =$

⑩ $17 - 9 =$

① 40 + 90 =

② 80 − 30 =

③ 50 × 20 =

④ 800 ÷ 40 =

① 6 + 56

② 28 + 15

③ 49 + 53

④ 374 + 631

① 43 － 5

② 35 － 27

③ 156 － 88

④ 5004 － 8

① 16 × 3

② 38 × 6

③ 25 × 56

④ 89 × 27

① 84 ÷ 4

② 244 ÷ 6

③ 117 ÷ 13

④ 1748 ÷ 46

みかんが 家に 2こ ありました。お母さんが 5こ 買って きました。
みかんは 家に 何こ あるでしょうか。

(しき)　　　　　　　　　　　　　　　　　　(答え)

ありが 外を 3びき 歩いて いました。1ぴきは すに 帰って
しまいました。すから また 2ひき 出て きました。外を 歩いて
いる ありは 何びきでしょうか。

(しき)　　　　　　　　　　　　　　　　　　(答え)

さとみさんは，前から 5番目に ならんで います。さとみさんの 後ろに
7人 ならんで います。みんなで 何人 いますか。

(しき)　　　　　　　　　　　　　　　　　　(答え)

ひよこが 2羽 生まれました。ひよこは ぜんぶで 9羽に なりました。は
じめに 何羽 いたでしょうか。

(しき)　　　　　　　　　　　　　　　　　　(答え)

ちょうちょうが 8ひき お花に とまって いました。そのうち 4ひきの
ちょうちょうは とんでいって しまいました。 はちが 2ひき お花に
とんで きました。ちょうちょうは 今 何びき とまって いるでしょうか。

(しき)　　　　　　　　　　　　　　　　　　(答え)

① みかんが　家に　2こ　ありました。
② お母さんが　5こ　買って　きました。
③ みかんは　家に　何こ　あるでしょうか。

①

②

③

（しき）

（答え）

⋯⋯⋯⋯⋯⋯⋯⋯⋯⋯⋯⋯⋯⋯⋯⋯⋯⋯⋯⋯

① ありが 外を 3びき 歩いて いました。

② 1ぴきは すに 帰って しまいました。

③ すから また 2ひき 出て きました。

④ 外を 歩いて いる ありは 何びきでしょうか。

⋯⋯⋯⋯⋯⋯⋯⋯⋯⋯⋯⋯⋯⋯⋯⋯⋯⋯⋯⋯

①

②

③

④

（しき）

（答え）

① さとみさんは, 前から 5番目に ならんで います。
② さとみさんの 後ろに 7人 ならんで います。
③ みんなで 何人 いますか。

①

②

③

（しき）

（答え）

....

① ひよこが　2羽　生まれました。

② ひよこは　ぜんぶで　9羽に　なりました。

③ はじめに　何羽　いたでしょうか。

....

①

②

③

（しき）

（答え）

....

① ちょうちょうが　8ひき　お花に　とまって　いました。

② そのうち　4ひきの　ちょうちょうは　とんでいって　しまいました。

③ はちが　2ひき　お花に　とんで　きました。

④ ちょうちょうは　今　何びき　とまって　いるでしょうか。

....

①

②

③

④

（しき）

（答え）

1はこに 3つの ドーナツが 入って います。この はこを 3はこ 買いました。ぜんぶで ドーナツは 何こ 買えましたか。

(しき)   （答え）

おとうとは えんぴつを 4本 持って います。おにいさんは おとうとの 3ばいの えんぴつを 持って います。おにいさんは えんぴつを 何本 持って いますか。

(しき)   （答え）

おせんべいが 18まい ありました。3人の 子どもに 同じ 数ずつ くばると, 1人あたり 何まいに なりますか。

(しき)   （答え）

チーズを 24こ 買いたいと 思って います。チーズは 1はこに 6こずつ 入って います。何はこ 買えば よいでしょうか。

(しき)   （答え）

4人が すわれる ベンチが あります。18人の 子どもが ぜんいん すわるためには、 ベンチは 何だい ひつようですか。

(しき)   （答え）

....

① 1はこに　3つの　ドーナツが　入って　います。

② この　はこを　3はこ　買いました。

③ ぜんぶで　ドーナツは　何こ　買えましたか。

....

①

②

③

（しき）

（答え）

----

① おとうとは えんぴつを 4本 持って います。

② おにいさんは おとうとの 3ばいの えんぴつを 持って います。

③ おにいさんは えんぴつを 何本 持って いますか。

----

①

②

③

（しき）

（答え）

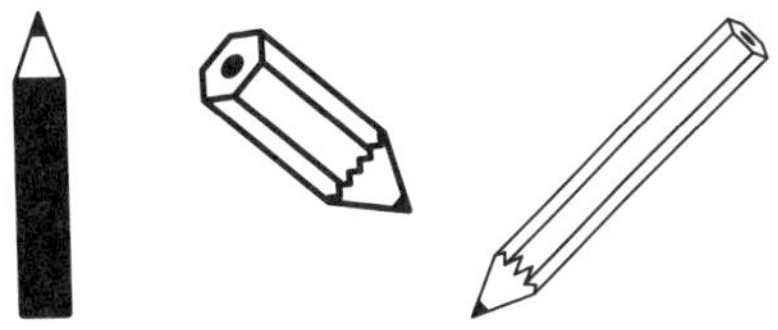

① おせんべいが　18まい　ありました。

② 3人の　子どもに　同じ　数ずつ　くばると，1人あたり　何まいに
　　なりますか。

①

②

（しき）

（答え）

① チーズを　24こ　買いたいと　思っています。

② チーズは　1はこに　6こずつ　入っています。

③ 何はこ　買えば　よいでしょうか。

①

②

③

（しき）

（答え）

....

① 4人が　すわれる　ベンチが　あります。

② 18人の　子どもが　ぜんいん　すわるためには、
　ベンチは　何だい　ひつようですか。

....

①

②

（しき）

（答え）

評価表・記録用紙

※「4-K-1〜4-K-5」は、就学前のプリント例

評価表【就学前】

氏名	検査年月日	年　　　月　　　日
所属園・学校	生年月日	年　　　月　　　日
学年・学期	生活年齢	年　　　月　　　日

領域	検査名・下位検査項目	回答	正誤	3:1-3:5	3:4-3:6	3:7-3:9	3:10-3:11	4:0-4:2	4:3-4:5	4:6-4:8	4:9-4:11	5:0-5:2	5:3-5:5	5:6-5:8	5:9-5:11	6:0-6:2	6:3-6:5	生活年齢との比較
数処理①	1．数唱				3～4	5～9		10～14				15～19	20～29		30～49		50～	
数処理②	2．数詞→具体物①			0,1,2	3,4		5,6,7,8,9			10,11				12				
数処理③	3．数詞→具体物②																	
	質問1：4個			0		1		2		3			4					
	質問2：7個				0～4			5			6			7				
	質問3：12個				0～5				6	7,8,9	10	11		12				
数処理④	4．数字→数詞																	
	数字が読める年齢							1,2,3,5	4,7,9	6,8,10,12	11,14,15		20					
	①数字7					誤答・無答				なな、しち（7）								
	②数字20						誤答・無答					にじゅう（20）					
	③数字4					誤答・無答				し、よん（4）								
	④数字5					誤答・無答			ご（5）									
	⑤数字1					誤答・無答			いち（1）									
	⑥数字12					誤答・無答				じゅうに（12）								
	⑦数字9					誤答・無答				きゅう、く（9）								
	⑧数字10					誤答・無答				じゅう（10）								
	⑨数字2					誤答・無答			に（2）									
	⑩数字14					誤答・無答					じゅうし、じゅうよん（14）						
	⑪数字6					誤答・無答				ろく（6）								
	⑫数字3					誤答・無答			さん（3）									
	⑬数字11					誤答・無答					じゅういち（11）						
	⑭数字8					誤答・無答				はち（8）								
数処理⑤	6．具体物→数詞																	
	ドットの数							ドット2	ドット3	ドット4		ドット5						
	①ドット2					誤答・無答			に（2）									
	②ドット1					誤答・無答			いち（1）									
	③ドット5					誤答・無答				ご（5）								
	④ドット2					誤答・無答			に（2）									
	⑤ドット3					誤答・無答			さん（3）									
	⑥ドット2					誤答・無答			に（2）									
	⑦ドット3					誤答・無答			さん（3）									
	⑧ドット4					誤答・無答				よん、し（4）								
	⑨ドット5					誤答・無答				ご（5）								
	⑩ドット5					誤答・無答				ご（5）								
	⑪ドット3					誤答・無答			さん（3）									
	⑫ドット4					誤答・無答			よん、し（4）									
数処理⑥	8．具体物→数詞																	
	①ドット4				0			1			2							
	②ドット6				0			1			2							
	③ドット9				0			1			2							
	④ドット5				0			1			2							
																	×：　◎：

領域	検査名・下位検査項目	回答	正誤					
数概念①	5．量の比較①			誤答			正答	
数概念②	7．量の比較②			誤答・無答			正答	
数概念③	9．数詞→連続量							
	(3,5)(3,4)(2,7)			3題が正答ではない			3題とも正答	
							×：　◎：	

領域	検査名・下位検査項目	回答	正誤				
文章題	10.口頭提示で数の操作						
	①みかん（5－3＝2）			誤答・無答		正答	
	②りんご（4＋2＝6）			誤答・無答		正答	
						×：　◎：	

評価表【就学後】

氏名		検査年月日	年	月	日
所属園・学校		生年月日	年	月	日
学年・学期		年齢	年	月	日

領域	課題内容	正答数/全問数	判定	入力 聴覚（聞く）	入力 視覚（見る）	記憶 短期記憶	記憶 長期記憶	出力 音声（言う）	出力 運動（操作する）	処理様式 継次	処理様式 同時	備考
数処理	11. 数唱	■			■						■	
	12. 数詞→具体物	/3					■		■			
	13. 数字→数詞	/3			■		■				■	
	14. 数字→具体物（分離量）	/3		■		■		■		■		
	15. 数詞→数字	/3		■				■				
	16. 具体物（分離量）→数詞	/3		■		■		■				
	17. 数詞→具体物（連続量）	/3		■		■		■				
	18. 数字→具体物（連続量）	/3		■		■						
数概念	19. 序数性（数字の穴埋め）	/4		■		■		■			■	
	20. 基数性（数直線）	/4		■		■		■		■		
	21. 基数性（線描画）	/5		■				■				
	○の総数			/3	/5	/2	/1	/2	/3	/2	/5	
	×の総数			/3	/5	/2	/1	/2	/3	/2	/5	

領域		課題内容	正答数/全問数	パーセンタイル順位	備考
計算	暗算	22. たし算（2-G-1）	/10		
		22. たし算（2-G-2）	/10		
		22. ひき算（2-G-3）	/10		
		22. ひき算（2-G-4）	/10		
		22. くり上がり（2-G-5）	/10		
		22. くり上がり（2-G-6）	/10		
		22. くり下がり（2-G-7）	/10		
		22. くり下がり（2-G-8）	/10		
		22. 乗算（2-G-9）	/10		
		22. 乗算（2-G-10）	/10		
		22. 除算（2-G-11）	/10		
		22. 除算（2-G-12）	/10		
		22. 加算（2-G-13）	/10		
		22. 減算（2-G-14）	/10		
		23. 何百・何十の計算（2-H）	/4		

領域		課題内容	正答数/全問数	判定	備考
	筆算	24. たし算（2-I-1）	/4		
		24. ひき算（2-I-2）	/4		
		24. かけ算（2-I-3）	/4		
		24. わり算（2-I-4）	/4		

領域	課題内容		正答数/全問数	判定	文章が音読できる	絵・図が描ける	立式できる	式を書いたら計算できる	正しい答え（単位もつける）が出る	備考
文章題	25. たし算・ひき算	テスト用紙	/5							
		個別問題用紙	/5		/5	/5	/5	/5	/5	
	25. かけ算・わり算	テスト用紙	/5							
		個別問題用紙	/5		/5	/5	/5	/5	/5	

記録用紙ー数処理・数概念

氏名		検査年月日	年	月	日
所属園・学校		生年月日	年	月	日
学年・学期		年齢	年	月	日

領域			課題内容		正誤	メモ	正答数／全問数	判定
数処理	11	数処理①	数唱	数唱				
	12	数処理②	数詞→具体物	12個ください			/3	
				20個ください				
				27個ください				
	13	数処理③	数字→数詞	数字の読み 48			/3	
				数字の読み 102				
				数字の読み 317				
	14	数処理④	数字→具体物（分離量）	16ください			/3	
				101ください				
				115ください				
	15	数処理⑤	数詞→数字	じゅうご			/3	
				ひゃくさん				
				ひゃくじゅうご				
	16	数処理⑥	具体物（分離量）→数字	おはじき14個			/3	
				おはじき30個				
				おはじき104個				
	17	数処理⑦	数詞→具体物（連続量）	10と6			/3	
				14と40				
				110と81				
	18	数処理⑧	数字→具体物（連続量）	4と8			/3	
				24と8				
				150と50				
数概念	19	数概念①	序数性：穴埋め	1とび			/4	
				2とび				
				5とび				
				10とび				
	20	数概念②	基数性①：数直線	1目盛り1			/4	
				1目盛り2				
				1目盛り5				
				1目盛り10	・			
	21	数概念③	基数性②：線描画	1で3			/5	
				5で6				
				10で14				
				15で8				
				20で10				

記録用紙―暗算（低学年）

氏名		検査年月日	年	月	日
所属園・学校		生年月日	年	月	日
学年・学期		年齢	年	月	日

学年：

実施日：　　　　月　　　　日

たし算（2-G-1）

	問題	回答	正誤
①	1 + 1		
②	9 + 1		
③	2 + 1		
④	3 + 2		
⑤	7 + 1		
⑥	5 + 3		
⑦	3 + 7		
⑧	4 + 2		
⑨	2 + 7		
⑩	7 + 3		
正答数 / 全問数			/10
パーセンタイル順位			

学年：

実施日：　　　　月　　　　日

たし算（2-G-2）

	問題	回答	正誤
①	2 + 2		
②	1 + 7		
③	5 + 5		
④	1 + 4		
⑤	5 + 2		
⑥	8 + 2		
⑦	4 + 4		
⑧	6 + 2		
⑨	3 + 6		
⑩	3 + 4		
正答数 / 全問数			/10
パーセンタイル順位			

学年：

実施日：　　　　月　　　　日

ひき算（2-G-3）

	問題	回答	正誤
①	2 - 1		
②	10 - 5		
③	3 - 2		
④	5 - 2		
⑤	10 - 3		
⑥	8 - 4		
⑦	7 - 5		
⑧	8 - 2		
⑨	9 - 5		
⑩	8 - 6		
正答数 / 全問数			/10
パーセンタイル順位			

学年：

実施日：　　　　月　　　　日

ひき算（2-G-4）

	問題	回答	正誤
①	5 - 4		
②	9 - 1		
③	4 - 3		
④	8 - 1		
⑤	9 - 2		
⑥	10 - 4		
⑦	6 - 2		
⑧	5 - 3		
⑨	7 - 3		
⑩	9 - 4		
正答数 / 全問数			/10
パーセンタイル順位			

学年：

実施日：　　　　月　　　　日

くり上がり（2-G-5）

	問題	回答	正誤
①	6 + 5		
②	9 + 5		
③	3 + 9		
④	9 + 4		
⑤	7 + 7		
⑥	6 + 9		
⑦	5 + 8		
⑧	6 + 7		
⑨	8 + 6		
⑩	7 + 6		
正答数 / 全問数			/10
パーセンタイル順位			

学年：

実施日：　　　　月　　　　日

くり上がり（2-G-6）

	問題	回答	正誤
①	4 + 8		
②	2 + 9		
③	9 + 9		
④	6 + 6		
⑤	8 + 5		
⑥	8 + 9		
⑦	7 + 4		
⑧	4 + 9		
⑨	7 + 8		
⑩	3 + 8		
正答数 / 全問数			/10
パーセンタイル順位			

学年：

実施日：　　　　月　　　　日

くり下がり（2-G-7）

	問題	回答	正誤
①	11 - 2		
②	14 - 8		
③	18 - 9		
④	13 - 5		
⑤	17 - 8		
⑥	14 - 9		
⑦	15 - 7		
⑧	13 - 6		
⑨	14 - 6		
⑩	11 - 9		
正答数 / 全問数			/10
パーセンタイル順位			

学年：

実施日：　　　　月　　　　日

くり下がり（2-G-8）

	問題	回答	正誤
①	12 - 5		
②	11 - 5		
③	13 - 4		
④	12 - 6		
⑤	12 - 4		
⑥	14 - 5		
⑦	11 - 8		
⑧	16 - 8		
⑨	14 - 7		
⑩	16 - 7		
正答数 / 全問数			/10
パーセンタイル順位			

記録用紙ー暗算（中学年以降）

氏名		生年月日	年	月	日
所属園・学校		年齢	年	月	日

学年：

実施日：　　　　月　　　　日

乗算 (2-G-9)

	問題	回答	正誤
①	2 × 3		
②	5 × 5		
③	2 × 9		
④	5 × 3		
⑤	7 × 9		
⑥	8 × 8		
⑦	7 × 2		
⑧	9 × 4		
⑨	8 × 6		
⑩	7 × 3		
正答数 / 全問数			/10
パーセンタイル順位			

学年：

実施日：　　　　月　　　　日

乗算 (2-G-10)

	問題	回答	正誤
①	2 × 2		
②	5 × 6		
③	2 × 7		
④	5 × 8		
⑤	4 × 6		
⑥	7 × 5		
⑦	6 × 3		
⑧	7 × 4		
⑨	6 × 8		
⑩	7 × 6		
正答数 / 全問数			/10
パーセンタイル順位			

学年：

実施日：　　　　月　　　　日

除算 (2-G-11)

	問題	回答	正誤
①	10 ÷ 2		
②	6 ÷ 3		
③	18 ÷ 9		
④	30 ÷ 5		
⑤	24 ÷ 4		
⑥	72 ÷ 8		
⑦	42 ÷ 6		
⑧	32 ÷ 8		
⑨	28 ÷ 4		
⑩	54 ÷ 6		
正答数 / 全問数			/10
パーセンタイル順位			

学年：

実施日：　　　　月　　　　日

除算 (2-G-12)

	問題	回答	正誤
①	10 ÷ 5		
②	15 ÷ 3		
③	12 ÷ 4		
④	72 ÷ 9		
⑤	35 ÷ 5		
⑥	32 ÷ 8		
⑦	27 ÷ 9		
⑧	56 ÷ 8		
⑨	28 ÷ 7		
⑩	36 ÷ 4		
正答数 / 全問数			/10
パーセンタイル順位			

学年：

実施日：　　　　月　　　　日

加算 (2-G-13)

	問題	回答	正誤
①	2 + 6		
②	7 + 8		
③	4 + 6		
④	9 + 7		
⑤	6 + 8		
⑥	7 + 6		
⑦	8 + 9		
⑧	6 + 4		
⑨	2 + 3		
⑩	8 + 6		
正答数 / 全問数			/10
パーセンタイル順位			

学年：

実施日：　　　　月　　　　日

減算 (2-G-14)

	問題	回答	正誤
①	9 - 6		
②	13 - 8		
③	16 - 9		
④	9 - 3		
⑤	12 - 6		
⑥	14 - 6		
⑦	9 - 7		
⑧	12 - 9		
⑨	8 - 3		
⑩	17 - 9		
正答数 / 全問数			/10
パーセンタイル順位			

学年：

実施日：　　　　月　　　　日

何百・何十の計算 (2-H)

	問題	回答	正誤
①	40+90		
②	80-30		
③	50 × 20		
④	800 ÷ 40		
正答数 / 全問数			/4
判定			

パーセンタイル順位グラフ（暗算）

氏名		検査年月日	年	月	日
所属園・学校		生年月日	年	月	日
学年・学期		年齢	年	月	日

パーセンタイル順位	たし算 2-G-1　　2-G-2	ひき算 2-G-3　　2-G-4	くり上がり 2-G-5　　2-G-6	くり下がり 2-G-7　　2-G-8
100				
95				
90				
85				
80				
75				
70				
65				
60				
55				
50				
45				
40				
35				
30				
25				
20				
15				
10				
5				
0				

パーセンタイル順位	乗算 2-G-9　　2-G-10	除算 2-G-11　　2-G-12	加算 2-G-13	減算 2-G-14
100				
95				
90				
85				
80				
75				
70				
65				
60				
55				
50				
45				
40				
35				
30				
25				
20				
15				
10				
5				
0				

記録用紙―筆算

氏名		検査年月日	年	月	日
所属園・学校		生年月日	年	月	日
学年・学期		年齢	年	月	日

課題	問題	回答	正誤	正答数 / 全問数	判定	手続き	位を揃える	チェックポイント
たし算	6+56			/4				2桁＋1桁（くり上がり1回＋位揃え）
	28+15							2桁＋2桁（くり上がり1回）
	49+53							2桁＋2桁（くり上がり2回＋十の位0）
	374+631							3桁＋3桁（くり上がり2回＋千の位）
ひき算	43-5			/4				2桁-1桁（くり下がり1回）
	35-27							2桁-2桁（くり下がり1回＋差が1桁）
	156-88							3桁-2桁（くり下がり2回）
	5004-8							4桁-3桁（くり下がり1回＋空位2）
かけ算	16 × 3			/4				乗数1桁、部分積が十の位にくり上がる
	38 × 6							乗数1桁、部分積が百の位にくり上がる
	25 × 56							乗数2桁、部分積の加算くり上がり1回
	89 × 27							乗数2桁、部分積の加算くり上がり2回
わり算	84 ÷ 4			/4				十の位に商
	244 ÷ 6							商に0が立つ、あまりあり
	117 ÷ 13							2桁でわる、商が1桁
	1748 ÷ 46							商の立て直し

記録用紙―文章題

氏名		検査年月日	年	月	日
所属園・学校		生年月日	年	月	日
学年・学期		年齢	年	月	日

	たし算・ひき算	回答	正誤	正答数 / 全問数	判定	文章が 音読できる	絵・図が 描ける	立式できる	式を 書いたら 計算できる	正しい答え （単位も つける） が出せる
問1	みかん （和が10以下の加算）									
問2	あり （3つの数の計算）									
問3	並んでいます （何番目）			/5						
問4	ひよこ （逆思考）									
問5	ちょうちょう （不要な文）									
						/5	/5	/5	/5	/5

	かけ算・わり算	回答	正誤	正答数 / 全問数	判定	文章が 音読できる	絵・図が 描ける	立式できる	式を 書いたら 計算できる	正しい答え （単位も つける） が出せる
問1	ドーナツ （同数累計）									
問2	鉛筆 （倍）									
問3	おせんべい （等分除）			/5						
問4	チーズ （包含除）									
問5	ベンチ （余り）									
						/5	/5	/5	/5	/5

かずをいってみよう！

....

おふろでかぞえてみよう！ どれぐらいあたたまったかな？

....

1.「　　　」から「　　　」まで（　　　月　　　日できた！）

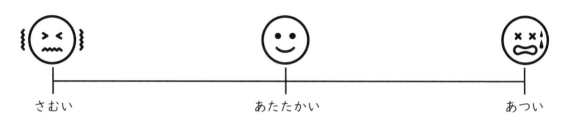

どのくらいだったか〇をしましょう

2.「　　　」から「　　　」まで（　　　月　　　日できた！）

どのくらいだったか〇をしましょう

3.「　　　」から「　　　」まで（　　　月　　　日できた！）

どのくらいだったか〇をしましょう

かぞえてみよう！

....

おうちのなかにあるものをかぞえてみよう！

....

（子どもはこれらの文字が読めなくても、数字を書けなくてもいいのです。大人の方が読んであげて、子どもが正しく数が言えたら数字を書き入れてください。）

１. コップをかぞえてみよう！

■　とうめいなもの：（　　　　　　　）

■　もつところのあるもの（マグカップ）：（　　　　　　　）

■　われないもの（プラスチック）：（　　　　　　　）

２. おさらをかぞえてみよう！

■　しろいもの：（　　　　　　）

■　まるいもの：（　　　　　　）

■　しかくいもの：（　　　　　　）

■　ふかいもの：（　　　　　　）

なんこあるか 言えるかな?

....

かずを かぞえて なんこあるか いってみよう!

....

(子どもはこれらの文字が読めなくても、数字を書けなくてもいいのです。大人の方が文を読んで、子どもが正しく数が言えたら数字を書き入れてください。)

いくつあるかな?

1. すきなおもちゃは いくつあるかな?

■　おにんぎょう:(　　　　　　　)こ

■　ぬいぐるみ:(　　　　　　　)こ

■　くるま:(　　　　　　　)こ

2. すきなおかしは なんこ あるかな?

■　あまいもの:(　　　　　　　)こ

■　しおからいもの:(　　　　　　　)こ

■　からいもの:(　　　　　　　)こ

■　つめたいもの:(　　　　　　　)こ

なんこあるか すうじを えらぼう！

．．

いろいろなものを かぞえて すうじを えらぼう！

．．

あさおきてから ねるまでに みたものや やることを かぞえてみるよ！

（就学前の時点で、（ ）の中に、ことばや数字はかけなくてもいいのです。
　数字カードを選ぶ、数字のシールを貼るなどができればいいです。）

１．あさごはんで つかう

　　　＊　おさらは いくつあるかな？　　　　（　　　　　）こ

　　　＊　おはしは いくつあるかな？　　　　（　　　　　）こ

　　　＊　カップは いくつあるかな？　　　　（　　　　　）こ

かずを くらべてみよう！

 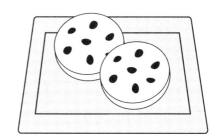

1. まるいおさらに クッキーはいくつある？

　　　　　　　　　　　　　　　（　　　　　　　　）まい

2. しかくいおさらに クッキーはいくつある？

　　　　　　　　　　　　　　　（　　　　　　　　）まい

3. どちらのおさらのクッキーがほしいかな？

　　　　　　　　　　　　　　　まる　・　しかく

4. どうしてそうおもったの？
（　　　　　　　　　　　　　　　　　　　　　　　　　　）

＊ 4の問いがいちばん大切です。ほかにも、いろいろなもののかずをくらべてみましょう。